京華通覽

大运河文化带

主编/段柄仁

张家湾

孙连庆/编著

北京出版集团公司
北 京 出 版 社

图书在版编目（CIP）数据

张家湾 / 孙连庆编著．— 北京 ：北京出版社，2018.3
(京华通览)
ISBN 978-7-200-13450-6

Ⅰ．①张… Ⅱ．①孙… Ⅲ．①乡镇—介绍—通州区 Ⅳ．①K921.5

中国版本图书馆CIP数据核字（2017）第267105号

出版人 曲 仲
策　划 安 东 于 虹
项目统筹 孙 菁 董拯民
责任编辑 白 珍
封面设计 田 晗
版式设计 云伊若水
责任印制 燕雨萌

《京华通览》丛书在出版过程中，使用了部分出版物及网站的图片资料，在此谨向有关资料的提供者致以衷心的感谢。因部分图片的作者难以联系，敬请本丛书所用图片的版权所有者与北京出版集团公司联系。

张家湾
ZHANGJIAWAN
孙连庆 编著
*
北京出版集团公司
北　京　出　版　社　出版
（北京北三环中路6号）
邮政编码：100120
网　址：www.bph.com.cn
北京出版集团公司总发行
新　华　书　店　经　销
天津画中画印刷有限公司印刷
*
880毫米×1230毫米 32开本 7.125印张 147千字
2018年3月第1版 2024年3月第4次印刷
ISBN 978-7-200-13450-6
定价：45.00元

如有印装质量问题，由本社负责调换

质量监督电话：010-58572393

《京华通览》编纂委员会

主　任　段柄仁

副主任　陈　玲　曲　仲

成　员　（按姓氏笔画排序）

于　虹　王来水　安　东　运子微

杨良志　张恒彬　周　浩　侯宏兴

主　编　段柄仁

副主编　谭烈飞

《京华通览》编辑部

主　任　安　东

副主任　于　虹　董拯民

成　员　（按姓氏笔画排序）

王　岩　白　珍　孙　菁　李更鑫

潘惠楼

序

PREFACE

擦亮北京“金名片”

段柄仁

北京是中华民族的一张“金名片”。“金”在何处？可以用四句话描述：历史悠久、山河壮美、文化璀璨、地位独特。

展开一点说，这个区域在70万年前就有远古人类生存聚集，是一处人类发祥之地。据考古发掘，在房山区周口店一带，出土远古居民的头盖骨，被定名为“北京人”。这个区域也是人类都市文明发育较早，影响广泛深远之地。据历史记载，早在3000年前，就形成了燕、蓟两个方国之都，之后又多次作为诸侯国都、割据势力之都；元代作为全国政治中心，修筑了雄伟壮丽、举世瞩目的元大都；明代以此为基础进行了改造重建，形成了今天北京城的大格局；清代仍以此为首都。北京作为大都会，其文明引领全国，影响世界，被国外专家称为“世界奇观”“在地球表面上，人类最伟大的个体工程”。

北京人文的久远历史，生生不息的发展，与其山河壮美、宜生宜长的自然环境紧密相连。她坐落在华北大平原北缘，“左环沧海，右拥太行，南襟河济，北枕居庸”“龙蟠虎踞，形势雄伟，南控江淮，北连朔漠”，是我国三大地理单元——华北大平原、东北大平原、内蒙古高原的交会之处，是南北通衢的纽带，东西连接的龙头，东北亚环渤海地区的中心。这块得天独厚的地域，不仅极具区位优势，而且环境宜人，气候温和，四季分明。在高山峻岭之下，有广阔的丘陵、缓坡和平川沃土，永定河、潮白河、拒马河、温榆河和蓟运河五大水系纵横交错，如血脉遍布大地，使其顺理成章地成为人类祖居、中华帝都、中华人民共和国首都。

这块风水宝地和久远的人文历史，催生并积聚了令人垂羡的灿烂文化。文物古迹星罗棋布，不少是人类文明的顶尖之作，已有 1000 余项被确定为文物保护单位。周口店遗址、明清皇宫、八达岭长城、天坛、颐和园、明清帝王陵和大运河被列入世界文化遗产名录，60 余项被列为全国重点文物保护单位，220 余项被列为市级文物保护单位，40 片历史文化街区，加上环绕城市核心区的大运河文化带、长城文化带、西山永定河文化带和诸多的历史建筑、名镇名村、非物质文化遗产，以及数万种留存至今的历史典籍、志鉴档册、文物文化资料，《红楼梦》、“京剧”等文学艺术明珠，早已成为传承历史文明、启迪人们智慧、滋养人们心灵的瑰宝。

中华人民共和国成立后，北京发生了深刻的变化。作为国家首都的独特地位，使这座古老的城市，成为全国现代化建设的领头雁。新的《北京城市总体规划（2016 年—2035 年）》的制定和中共中央、国务院的批复，确定了北京是全国政治中心、文化中心、国际交往中心、科技创新中心的性质和建设国际一流的和谐宜居之都的目标，大大增加了这张“金名片”的含金量。

伴随国际局势的深刻变化，世界经济重心已逐步向亚太地区转移，而亚太地区发展最快的是东北亚的环渤海地区、这块地区的京津冀地区，而北京正是这个地区的核心，建设以北京为核心的世界级城市群，已被列入实现“两个一百年”奋斗目标、中国梦的国家战略。这就又把北京推向了中国特色社会主义新时代谱写现代化新征程壮丽篇章的引领示范地位，也预示了这块热土必将更加辉煌的前景。

北京这张“金名片”，如何精心保护，细心擦拭，全面展示其风貌，尽力挖掘其能量，使之永续发展，永放光彩并更加明亮？这是摆在北京人面前的一项历史性使命，一项应自觉承担且不可替代的职责，需要做整体性、多方面的努力。但保护、擦拭、展示、挖掘的前提是对它的全面认识，只有认识，才会珍惜，才能热爱，才可能尽心尽力、尽职尽责，创造性完成这项释能放光的事业。而解决认识问题，必须做大量的基础文化建设和知识普及工作。近些年北京市有关部门在这方面做了大量工作，先后出版了《北京通史》（10 卷本）、《北京百科全书》（20 卷本），各类志书近 900 种，以及多种年鉴、专著和资料汇编，等等，为擦亮北京这张“金名片”做了可贵的基础性贡献。但是这些著述，大多是服务于专业单位、党政领导部门和教学科研人员。如何使其承载的知识进一步普及化、大众化，出版面向更大范围的群众的读物，是当前急需弥补的弱项。为此我们启动了“京华通览”系列丛书的编写，采取简约、通俗、方便阅读的方法，从有关北京历史文化的大量书籍资料中，特别是卷帙浩繁的地方志书中，精选当前广大群众需要的知识，尽可能满足北京人以及关注北京的国内外朋友进一步了解北京的历史与现状、性质与功能、特点与亮点的需求，以达到“知北京、爱北京，合力共建美好北京”的目的。

这套丛书的内容紧紧围绕北京是全国的政治、文化、国际交往和科技创新四个中心，涵盖北京的自然环境、经济、政治、文化、社会等各方面的知识，但重点是北京的深厚灿烂的文化。突出安排了“历史文化名城”“西山永定河文化带”“大运河文化带”“长城文化带”四个系列内容。资料大部分是取自新编北京志并进行压缩、修订、补充、改编。也有从已出版的北京历史文化读物中优选改编和针对一些重要内容弥补缺失而专门组织的创作。作品的作者大多是在北京志书编纂中捉刀实干的骨干人物和在北京史志领域著述颇丰的知名专家。尹钧科、谭烈飞、吴文涛、张宝章、郗志群、姚安、马建农、王之鸿等，都有作品奉献。从这个意义上说，这套丛书中，不少作品也可称“大家小书”。

总之，擦亮北京“金名片”，就是使蕴藏于文明古都丰富多彩的优秀历史文化活起来，使充满时代精神和首都特色的社会主义创新文化强起来，进一步展现其真善美，释放其精气神，提高其含金量。

2017 年 11 月

目录

CONTENTS

冯其庸先生的题字碑

概　述

这是一本介绍张家湾历史情况的小册子。

张家湾镇是北京市通州区所辖 11 个乡镇之一，位于通州区中部偏北，镇政府驻地张家湾村，北距通州城区 8 公里。张家湾镇东隔北运河与西集镇相望，西邻台湖镇，南面与漷县镇、于家务回族乡接壤，北与梨园镇、永顺镇为邻。镇域面积 105.4 平方公里，辖 57 个行政村，户籍人口 5.77 万，常住人口 8.93 万。

张家湾镇域地势平坦、水系丰富、交通便利。大运河、凉水河、萧太后河、玉带河四河贯穿全境，另有京沈公路、京津公路、北京六环、京津二通道、张采路、宋梁路 6 条主要公路穿境而过，也是城市轻轨八通线的东端起点，形成通往华北、东北和天津等地的交通枢纽。从张家湾驱车至市中心或首都机场只需半个小时，到天津新港也只需 90 分钟。镇域北部有与京秦铁路相连的铁路货运站，年吞吐能力 60 万吨以上，为张家湾镇的发展创造了有利条件。

张家湾村形成于元代，清光绪三十三年（1907 年）始设张家湾乡，1929 年为通县第六区。1949 年 3 月通县人民政府迁驻张家湾镇村，次年 6 月再迁通州城内。当时张家湾地区属通县第五区（区政府驻牛堡屯）管辖，1950 年 6 月为通县第六区（区政府驻张家湾，区以下设张家湾乡、土桥乡、施园乡、马营乡、里二泗乡、梁各庄乡等），1958 年 4 月建立北京市通州区张家湾乡，9 月建立张家湾人民公社。1983 年 3 月撤销人民公社建制，恢复设立张家湾乡，1990 年改设张家湾镇。2001 年 12 月牛堡屯镇并入，形成现在的镇域。

张家湾镇是一座具有深厚历史积淀的文化古镇。据历史记载，自元至元十六年（1279 年），张瑄试行海运起到 1900 年漕运停止的近 800 年间，张家湾以商贾云集、水运发达和战略地位重要而闻名天下，有“大运河第一码头”之称，皇家所需的漕粮物资、建造北京城所用的大批建筑材料以及南方出产的商品货物，都是由水路经张家湾运往北京的。民间流传的“先有张家湾,后有北京城”的说法即来源于此。在封建时代，张家湾在南北、中外政治、经济、文化交流方面发挥了巨大作用。现存的北京市一级保护文物通运桥、佑民观、600 多年的古槐、明代的千斤石板、水路运输的花斑巨石、清代作家曹雪芹笔下的花枝巷、十里街、曹家当铺、盐店等遗址以及曹雪芹本人的墓刻葬石等，见证了张家湾的悠久历史。

张家湾镇是通州地区古镇之一，这里保留着战国时期和汉代先民繁衍生息的遗迹。由于张家湾曾经是白河（今北运河）、通惠河、浑河（古永定河分派——凉水河）、萧太后河四水汇流之地，同时由于元明清三代建都北京需要江浙经济区粮食和各类物资的供应，在元明清三代，张家湾与通州同为京杭大运河北端的皇家码头。从元代至明代中期，张家湾承担了漕运中心、客运中心、商运中心的历史重任，直至明嘉靖七年（1528 年），巡漕御史吴仲主持将通惠河道改由通州城北入运河，漕运中心北移至通州城以后，张家湾依然是京杭大运河北端护卫漕运和客运、货运的重要码头，这种状况一直延续到清末。在此期间，有多少万石漕粮经由张家湾码头运到北京城及周边地区，又有多少帝王将相、达官贵人、文人墨客、商贾行旅经由张家湾码头往来于京杭大运河之上，有多少种类的物资，举凡江南丝绸、茶叶、瓷器、香料、日用百货、建筑材料，北方所产的皮毛筋革、山珍特产，经由张家湾码头运销中国南北各地。商流、物流、客流的集聚，使张家湾呈现出前所未有的兴盛，正因为如此，“张家湾”的声名远播海内外，“张家湾”的名字频繁出现在史籍之中。封建时代，运河水运为国家统一、经济发展、民族振兴做出了贡献，其中，张家湾为维持封建国家机器的正常运转，为建设、保卫、安定、繁荣北京，为促进中国南北各民族之间的了解、交流和融和，为促进封建时代国家经济的发展做出的贡献，无疑是巨大的。

在漕运年代，通州和张家湾同为京杭大运河北端一个码头的两个部分，在不同年代有着不同的分工。对于通州来说，不但是皇家码头，同时也是地区性的行政、经济、军事、文化中心。正因为如此，通州有着“一京二卫三通州”的美誉，被称为“小燕京”，而这些是张家湾所不具备的，但这并不影响张家湾在漕运历史上的作用和影响。张家湾作为漕运古镇，它的作用无疑是重大的，况且在通州成为漕运码头之前，张家湾的这种作用已经发挥了近250年。

随着现代交通的出现和运河漕运的停止，张家湾的作用和影响已大不如前。清光绪末年，张家湾镇坐商只剩30余家。1930年前后，张家湾在通县六大集镇（西集、马驹桥、永乐店、燕郊、张家湾、牛堡屯）排序中，居于次席。镇内只有杂粮市、骡马市、猪市、草市。1941年，在通县的集镇排序中，马驹桥居第一，西集其次，张家湾位居末席。这与张家湾鼎盛时期“日日为市，弦歌相闻，百货丛集，最称繁盛”的景象形成鲜明对比。

在清咸丰十年（1860年）英法联军、清光绪二十六年（1900年）八国联军和日本侵略中国的历史时期，张家湾地区和所有被侵略者铁蹄践踏的地区一样，遭受了惨重的损失。这里的人民从来就有英勇顽强、不畏强暴的民族气节和大无畏的牺牲精神。为了民族的独立和解放，他们进行了英勇顽强的抵抗，付出了巨大的牺牲。为了反抗腐朽的清政府的统治，早在辛亥革命时期，北方革命司令部就设在张家湾，七位烈士英勇献身。张家湾人民为中华民族的独立和解放做出了一定贡献。

天上斗转星移，人间桑田沧海。今天的张家湾镇，到处生机勃勃。

中华人民共和国成立后，尤其在改革开放的40年中，张家湾又掀起树立名镇形象的浩荡热潮，“敢为人先，敢创大业，敢争一流”的张家湾精神催生出巨大的经济活力，释放出良好的社会效应。从曾受到毛泽东主席高度评价勤俭办社、刘少奇亲临视察的土桥乡高楼金村青春社，到1985年实现全市远郊县乡镇第一个产值超过1亿元，并连续8年保持京郊乡镇经济领先地位，张家湾依托通州工业开发区落户镇域的优势，实施“工业强镇”的战略，使全镇经济突飞猛进。2001年12月，原牛堡屯镇并入张家湾镇，又给张家湾镇带来了新的发展空间，使张家湾镇年年喜结硕果，先后获得“京郊百强”“全国百强”“京东建材湾”“全国文明乡镇”“北京市模范集体”等荣誉称号。2005年至2009年，连续被评为首都文明乡镇。2010年，全镇实现税收7.6亿元，农民人均可支配收入1.23万元。

今日张家湾呈现在人们面前的是经济发达，社会稳定，富裕、文明、美丽的社会主义新型小城镇。

近几年，张家湾镇按照高效、集约利用的要求，积极发展工业企业，截至2008年，全镇入驻企业已达到1500多家，打造起服装、建材、医药、化工等10余条工业产业链。铜牛集团、北京三杰钢结构有限公司、福耀玻璃、京华客车等近百家知名企业的入驻，中油公交石油销售有限公司、东方石化销售中心等90多家总部企业和结算中心的落成，以方和正圆、创展家居为核心，集生产、设计、研发等技工贸一体化工业园区的正式营业，东亚铝业集团“煤制气”节能改造项目和一批重点老生产企业的技术挖潜改造的完成，提升了产品的科技含量，增强了企业经济效益和竞争力，为张家湾经济注入了新鲜血液。

20 世纪 90 年代，张家湾镇葡萄种植就达到 1.8 万亩，涉及 16 个村，带动 200 多户农民。依托葡萄产业开展旅游观光和采摘活动，成功举办了 8 届葡萄采摘节，张家湾镇也因此赢得了“京东吐鲁番”的美誉。葡萄产业与千亩荷塘、千亩苗木花卉、千座蔬菜大棚、千亩家庭菜园、金泽苑等高效生态农业示范园形成基本农业、设施农业、特色农业、旅游观光农业 4 条坚固的产业链，拉动起葡萄大观园、天地和农庄、御香苑等一批农业种养殖加工基地，使现代都市型农业经济在张家湾得到了迅猛发展。大辛庄恒利明乌鸡产业协会、张家湾镇苗木协会及垡头生猪养殖协会等专业经济合作组织，把农民个体经营与广阔的市场连接了起来，为拓宽销售渠道搭建了广阔的平台。

按照新农村建设“生产发展、生活宽裕、乡风文明、村容整洁、管理民主”20 字要求，张家湾镇因地制宜制订了新农村建设实施方案。完成皇木厂、张湾村、马营村、土桥村等村的旧村改造工程，村民迁住新楼房；整合全镇教育资源，完成各学校合并及教育设施改造工作，张家湾幼儿园拥有一流设施、张家湾中心小学成为全市教育示范点，牛堡屯学校、陆辛庄学校改为小初九年一贯制学校，初高中一体的全市一流学校——潞河中学分校建成并投入使用，初等、中等教育再上新的台阶，为发展基础教育打下了坚实的基础。2008 年全镇实施了绿化美化工程、垃圾密闭化管理；完成了农村信息网络、有线电视、远程教育、文化信息共享“村村通”工程；农村路网建设、饮用水改造、节能吊炕推广、改厕工程、秸秆气化工程、太阳能浴池建设有序进行；村级卫生服务站、文化健身场所、党员活动室、数字电影放映厅等覆盖率达 90%；农村产权制度改革、农民入股分红，劳动力就业，农村合作医疗、新农保参保，残疾、困难家庭，独生子女家庭保障，“一老一小”医疗保险等社会保障体系成功搭建。这一系列的惠民工程，谱写了城乡一体化和谐发展的新篇章。

按照北京城市总体规划，张家湾镇今后的发展将紧紧依托位于京津冀环渤海经济发展核心区的优势，坚持走“人文古镇　科学发展”的路子，融合古今文化，把人脉、文脉、水脉结合到今后的发展中。在京沈路以北，推进西定福庄、大高力庄等 24 个村的改造进程，加快新城区的建设步伐；结合通州区万亩森林公园张湾段的建设，以扩充、完善工业开发区为契机，打造运河、京津公路、宋梁路沿线景观建设，在凉水河畔建成以 IDC 灾备中心、数字产业基地为核心的高端数字产业园区；制定恢复古文化产业开发的总体规划，弘扬运河码头和红学文化，打造萧太后河岸边仿古一条街，建设张家湾大运河影视文化基地，北与“泛家居”产业——创展家居，南与文化企业华兴达青铜器雕塑公司相呼应，旁有具有传统手工艺文化的唐人坊作补充，引进知名文化产业，形成集产业、文化、居住等多种功能为一体的现代化新城。新城南部以设施农业的龙头企业为引领，大力发展现代都市型农业，利用政策扶持、技术指导千方百计引导农民增收致富。未来的张家湾将以工业作为强力支撑、现代文化产业渲染渗透、都市农业有效补充、现代服务业明显显现的产业发展新格局展现给世人。张家湾正在走向新的辉煌。

古镇探幽

张家湾是通州区的古镇之一，历史上因为是京杭大运河北端码头而声名远扬。张家湾的历史，首先是水运的历史，作为皇家漕运码头，首先得益于白河（潞河、北运河）、通惠河、萧太后河、凉水河四水汇流的地理优势，由此才有了随水运而诞生、随水运而发展起来的历史。

流经张家湾的河流

从北京沿长安街乘车东行，过通州北苑，沿京津公路东南行8公里左右，就到了张家湾镇。在公路南侧，由学者冯其庸题写的“漕运古镇张家湾”题名碑矗立路旁，字迹古朴苍劲，十分醒目。

张家湾是通州区的古镇之一，历史上因为是京杭大运河北端码头而声名远扬。张家湾的历史，首先是水运的历史，作为皇家漕运码头，首先得益于白河（潞河、北运河）、通惠河、萧太后河、凉水河四水汇流的地理优势，由此才有了随水运而诞生，随水运而发展起来的历史。我们了解张家湾的发展历史，就从张家湾所在地域的水环境说起。

古代水环境

近年来，通州地区雨量偏少，地表水量不足，河流流量有限，在近期内，不具备实现开通航运的条件。但历史上的情况并不是这样的。古代通州地区的地表水环境与今天的情况有着明显的不同。在距今1500年的北朝时期，北京地区水源充沛，地下水位很高，通州地区地处北京小平原东南部，地势稍低，形成了多河富水的状况。

在通州地区的东南面，是战国时期形成的，以今天津市区为中心，沿渤海边缘的大片浅水沼泽区，史书称这片沼泽为“雍奴薮”。雍奴薮南起河北省黄骅、任丘，西至文安、霸县，北至天津市武清区，东至天津市宝坻区、宁河区。在雍奴薮的四周，散布着大小 99 个湖泊。郦道元《水经注》记载：自鲍丘水（即潮白河）以南，南到滹沱河，西至泉州、雍奴（今天津市武清区的前身雍奴城），东至渤海，称为雍奴薮，在雍奴薮周边有 99 个湖淀，这些湖淀支流条分，往往相通。通州南部永乐店地区，是这片水域的边缘区。通州地区的河流，经过雍奴薮注入渤海。

在通州地区及周边地带，也存在着大大小小的湖泊。在通州的东南部今香河县域，有面积很大的佩谦泽，水面浩渺无垠。到了辽代，佩谦泽水面缩小，称作“浮鸡淀”，辽太平年间（1021—1031 年），辽统治者在“浮鸡淀”侧孙村，建立香河县，分武清、三河、潞县域各一部为辖域。《辽史·地理志》记载：“县东南滨水，多生菱荷，夏秋之间，其香馥郁，因名香河。”元代初期，那里的水面仍然很广阔，并且多风涛之险，不利于航行。

在通州的东部有谦泽，距谦泽东北不远有夏泽。唐时，丰水年份两泽相连称夏谦泽，水面辽阔。今天的大厂回族自治县夏垫镇的名称，就是由于夏泽面积缩小后称为“夏淀”谐音而来。今天的通州区潞城镇七级村境内的水梦园，是谦泽缩小以后的遗迹。这片水域过去称为“七里龙潭”。光绪《通州志》“七里龙潭”记载：“旧志云，在州城东二十里。广袤一顷，深处不可测。每雨时，风云压潭，俗传‘龙降取水’。”

在通州的西北部，有金盏淀（今属朝阳区），因“广袤三顷，水面有花如金盏”得名。通州的西南部在唐代至元代初，水面广阔，直至今大兴区、廊坊市的延芳淀。在今台湖村、永顺镇西部、通州镇内西海子公园、通州三中以北的东海子、公园下坡小学、东原体育场等处，都有大小不等的湖泊。

以上就是古代通州地区湖泊的大致情况。上述这些湖泊的存在，说明古代的通州地区地下水位很高，水量充沛，由此也形成了古代通州地区河湖众多的状况。

流经张家湾的河流

历史上，流经通州地区、包括张家湾地区的主要河流有永定河、北运河、潮白河、萧太后河、凉水河、通惠河和北运河的上源之一温榆河。

无恙蒲帆新雨后

永定河

永定河是北京地区的母亲河。历史上，永定河水奔腾咆哮，左冲右突，泥沙俱下。北京平原就是永定河与潮白河在漫长的岁月中冲积形成的。它还孕育了延芳淀和凉水河，在很长时期内对张家湾地区产生了重大影响。

根据考古发现和文献记载，永定河河道的摆动幅度北起温榆河，南至拒马河。在这个开敞的扇形地带中的所有河流，几乎都曾经是它的下游故道和分派。商代以前，永定河出军都山后斜向东北流，经今天的圆明园昆明湖注入清河，东流与温榆河汇合。

民国时期的运河通州段

约在西周时，主河道移至今紫竹院一带，过积水潭折向东南，流经“三海”地区斜向东南流。今天北京市内的中南海、北海、后海，就是它在西汉时期留下的遗迹。当时的河道沿着天安门广场及前门东侧一线，经今通州区的西南部，向东南注入雍奴薮。从东汉至隋，又改由石景山南卢沟桥附近东折，沿今凉水河方向东去，经潞县今张家湾地区，过今香河，至今宝坻区入海。唐代以后，过卢沟桥在看丹口分为两支，东支仍沿凉水河一线东流，另一支向南折而后东流，并逐渐成为主流。以至出现了张家湾西南、漷县以西至大兴区和廊坊市，辽代称为“延芳淀”的湖泊。明代，永定河东支仍由张家湾注入白河，南支逐渐成为主流流向霸州，东南支仍由今大兴区凤河东流。清代，凉水河上游与永定河断绝，水势微弱，以丰台水庄头和广安门外的莲花池为上源。

潮白河

潮白河曾经是北运河的重要水源。由于它提供的水源，使潞河这条普通的河流成为京杭大运河的北起点，从而开启了通州历史浓墨重彩的一页，也开启了张家湾历史的新篇章。

潮白河是潮河与白河在顺义境内合流以后的名称。潮河古称鲍丘水，发源于河北省丰宁县草碾子沟南山。在元代，以“其声如潮”而得名。白河古称沽水，发源于河北省沽源县御夷镇（今河北省沽源县东南、赤城县独石口以东）丹花岭下。在元代，以“两岸白沙，寸草不生”而得名，也称白遂河。根据郦道元《水经注》记载，潮河、白河分别东南流，穿燕山山脉，经今密云县，在今顺义区北部牛栏山汇合后称潮白河，又南流，在进入今通州区北

运河水道

境后称潞河，“乱流而南，通得潞河之称矣”。这就是说，在很长的时期内潞河没有固定的河道，水量充沛时，就可能漫流或在若干个河道内流淌；水量较少时，就在较大的河道内流淌，在一定区域内形成河漫滩地或沼泽地。

元代，潞河进入通州后，在通州城东与温榆河、小中河汇合，分为两支，东西并流。当时，西支被称为内白河，自今北运河北端起，经过小圣庙、北马头、张家湾、里二泗，与凉水河、萧太后河汇流，经沙古堆、马头东流；东支被称为外白河，离通州城较远。两河在张家湾以东合河站（今和合站村）相会，东流，经宝坻县入海。元至元十三年（1276年）至十七年（1280年），郭守敬主持由香河县城西向南，沿东汉白河故道——古笥沟开挖至杨村的新河道，潞河因此改道东南流，在今天津市入海河，形成今天的流向。明代初期，白河东支淤塞，西支畅流。清康熙年间，潮白河、温榆河并行南流，在今潞城镇杨庄村西合流。清乾隆三十五年（1770年）夏汛期间，两河在今永顺镇北马庄南汇合，北运河北端移至通州城北关。清嘉庆十三年（1808 年）张家湾附近河道淤塞，北运河主河道东移，但凉水河、萧太后河与玉带河汇流以后东流的水道，仍使客船、商船能够行驶到张家湾。这种状况一直保持到清末。

自 1912 年汛期，潮白河在顺义境内夺箭杆河南下，虽然每年抢修，希望恢复为北运河提供水源，但一直到 1939 年未能成功，形成了今天的走向。

温榆河

温榆河是北运河的主要支流，历史上曾有温水、温余水、湿余水、富河等名称。发源于昌平区，先后接纳蔺沟河、坝河、清河、小中河水，流经昌平区、朝阳区、顺义区，在通州区管头村入境后东南流，至通州城北关入北运河。在明清两代的 600 多年间，温榆河还承担着重要的运输任务。明代修建十三陵的物料及北部长城守军的粮饷供应，全依赖温榆河水道运输。在清代，营建圆明园、颐和园等皇家园林所需物料，长期流连于颐和园的西太后及文武官员、护卫军丁、工匠夫役所需物资，全部依靠温榆河及其上游清河水道供应。直到清宣统元年（1909 年）京张铁路通车以后，这条水道才沉寂下来。

萧太后河

辽会同元年（938 年），辽太宗耶律德光改国号为大辽，以幽州为南京，辽开泰元年（1012 年）辽政府改南京为燕京，当时的燕京已有 100 多万人口。辽代以前这一地区的粮食供应一直依赖河南、淮南、江南地区。经过辽政府的经营，这一地区的粮食供应基本能够保证，但一遇灾荒，情况就变得十分严重。位于燕京南部的拒马河以南地区是宋朝的领土，粮食作为战略物资，辽政府不可能从南部取得，唯一的可能只有辽东地区。而辽东与燕京山水相隔，陆路交通十分艰难，只有水路运输可行。当时海运船只从辽东出发，从渤海北塘入白龙港河，经宝坻县七里海入香河县大、小龙湾河，继而溯航入港沟河，到达今张家湾地区。明代蒋一葵在《长安客话》中说：当时香河县境内有大龙湾、小龙湾两条河，夏秋季节两河合流，经宝坻县入七里海。这就是辽代的运粮河道。

枯水期的运河通州段

当时，燕京与张家湾之间的蓟水河道狭窄，水量不足，不能行船，辽政府疏浚蓟水旧有河道，使漕船得以顺利抵达燕京，这条河流因此改称萧太后运粮河。辽太平九年（1029 年），燕京地区灾荒，大批饥民流入宋朝管辖的地区，辽政府紧急发运辽东粮食救济灾民。

2007 年以来，张家湾镇对流经镇域内的萧太后河 2600 米河段进行河道清淤、护坡修筑、堤岸绿化等治理工作。整修后的萧太后河，底宽 40 米，河面最宽达 70 米；修筑护坡 2.3 万平方米，沿河岸安装路灯 130 盏，植树 3500 余棵，铺设草皮 2 万平方米，并打 4 眼水井用于植被的灌溉；南北两侧修建了亲水平台 700 多平方米。古老的萧太后河再展新容。

通惠河

元至元八年（1271 年）忽必烈建立元朝，次年迁都燕京，改金中都为大都。建都大都以后，元统治者同样遇到了粮食和物资供应的问题。《元史·食货志》说：元建都于燕京，距离江南极其遥远，然而所有的皇室贵族和朝廷官员、军队与民众，都要仰给于江南的粮食和物资。为此，元政府实行海运、河运同时进行的方式，将江南的漕粮和各类物资运抵大都，以满足需要。

元至元十三年（1276 年）元军攻占南宋都城临安（今浙江省杭州市）以后，着手南北漕运。开始时水路艰难，采取水陆联运方式运输漕粮。元至元十九年（1282 年）试行海运，为此，元政府先后设置了 4 个海运万户府。元至元二十六年（1289 年）开通会通河，南接济州河，北接御河，京杭大运河全线贯通。但运河初开阶段，运量有限，每年只能运 20 万石左右粮食，远远不能满足大都需要。由于河运劳费过多，元政府在采取措施，提高运量的同时，也同样重视海运。元天历二年（1329 年）海运量达到 352 万石，是元代海运量的最高额。

河运、海运的漕粮运抵张家湾码头以后，转运到大都的环节全靠陆路运输，车载马驮，十分艰难。当时的官员在奏折中写道：通州至大都每年都要陆运官粮若干万石，但每到夏秋雨季，道路泥淖难行，以致累死的驴畜不可计数。通州到大都的40里路程，成为漕粮与物资运输的“瓶颈”，严重影响了大都的粮食与物资供应，甚至影响到封建国家机器的正常运转。

为解决大都与通州之间的运输问题，著名科学家郭守敬于元至元二十九年（1292年）主持开凿通惠河。通惠河全长82公里，塞泄水口12处，建桥156座，建闸11处24座。《元史·食货志》说：自昌平县白浮村引神山泉水，西折南转过双塔、榆河、一亩、玉泉等河流，至大都西水门入城，南流汇入积水潭。出潭东南流，出文明门，东至通州高丽庄入白河。当时通惠河入白河的河口就在张家湾附近，只是那时张家湾村落还没有形成，所以说“东至通州高丽庄入白河”。

元代中晚期至明代前期，通惠河浅涩，时通时塞，严重影响漕粮运输。明成祖朱棣修建北京城时，通惠河的作用就很是有限，很多物料要经过陆路运到北京。明嘉靖七年（1528年），巡按御史吴仲采取深挖上游河道，减少落差，控制水流等措施，自杨闸

今日的凉水河

村以下沿金代开凿的闸河河道，引通惠河水经通州城北入运河。漕粮自通州石坝起，经逐闸盘倒，抵达朝阳门外大通桥。由此，解决了京通之间长期困扰的水运难题。这条水运通道直到清末平汉、京张铁路通车及漕运停止才停用，以后，通惠河逐渐成为北京市主要排污和泄洪河道。

今天的通惠河，一改往日荒凉的境况，全线治理工程于1997年、1998年两年分期完成。治理后，河底宽41米，上口宽60米，边坡1∶2，河底两侧各有10米连锁板护砌，河坡六角砖护砌。随着水质改善和两岸绿化美化工程的进展，通惠河已经成为通州城市段一道靓丽的景观。

历史上，随着通州水运高潮的到来，通州、张家湾的历史地位和重要作用，也逐渐地凸显出来。张家湾就是随运河水运发展起来的村镇。

张家湾的由来

张家湾作为京杭大运河北端的漕运码头、通州地区的古镇，距今已有700多年的历史。张家湾的名字源于元代，与首次由海路将江南漕粮运到大都（今北京）的张瑄有关。明末清初顾祖禹撰著的《读史方舆纪要》中说：张家湾“因万户张瑄督海运至此而名”。目前，人们在谈到张家湾名称由来的时候，往往以顾祖禹的说法为根据。

比《读史方舆纪要》早230年,成书于明天顺五年（1461年）四月的《明一统志》记载：张家湾“在通州城南，即白河下流。相传元时有万户张姓者居此，因名”。这里又说是“居此”。“居此”，即居住于此,是长久停留的意思;而《读史方舆纪要》中的“至此”，只是表明路途之间“经过这里”，最多也就是“稍事停留”。两者相去甚远。那么，究竟张家湾是怎样得名的呢？让我们回顾一下远去的历史，看看当时的情况吧。

辽保大五年（1125年）辽国灭亡。辽保大二年（1122年），金国将燕京城及所辖诸州县交付宋王朝。两年后，鉴于宋朝受困于农民起义，金国即败约夺回燕京，并以燕京和云州为战略根据地，南略长江，东取山东，西收陕西，将北宋王朝驱逐到江淮以南。从而形成了金与南宋、西夏、西辽以及大理诸国并立的局面。

金天德三年（1151年），海陵王完颜亮下令改筑燕京宫室（同年，在潞县设置通州，领三河、潞两县），金贞元元年（1153年）改燕京为中都。金正隆二年（1157年）调集大批工匠，伐西山、燕山材木，在潞河上造战舰千艘，准备南下伐宋。

踏过风涛始安航

建造中都宫苑的木石，一部分来自于太行山北麓，一部分拆取于汴京宋朝旧殿。而施工所需的粮食及其他物资，则主要来自于冀、鲁、豫诸州县，水运至通州，再转运至中都。水运的河道，一是东南河，一是天津河。东南河是后唐赵德钧于长兴元年（930年）主持开凿的河道。当时，后唐割据政权为了抵御契丹的军事压力，改善财政状况，将宝坻所产的食盐经由这条河运往河间、霸州一带。天津河是香河境内龙湾河改道转至今杨村以南入海以后的名称。金泰和五年（1205年）金章宗视察东南河，"敕尚书省发山东、河北、河东、中都、北京（治所在今辽宁省兴城）军夫六万改凿之"。经过这次疏浚，东南河的通航能力大为增强。

漕船自信安镇经王马口过延芳淀抵达通州，再经过通州至中都的闸河，可达城内。金章宗赐名“通济河”。金朝在通州设立三座国仓，建立漕运管理机构，从此，通州以漕运枢纽的区位优势和管理、护卫漕运的重要作用，一跃成为中国的名城。

无论东南河还是天津河，都要经过今张家湾地区才能到达通州。金朝执政者大规模打造战舰的活动及规模日益扩大的潞河水运，使沿河一带的经济活动日益活跃，附近村落逐渐繁盛。在萧太后河、凉水河与潞河交汇处，常有大量船只停泊。附近的村民开始在河边设立简易码头和客店货栈，店栈逐渐增多，到了元代初期，渐有“长店”之名，这就是“张家湾”的前身。

金天兴三年（1234 年）蒙古汗国灭金，与南宋对峙。江南面积不过全国几分之一，而物产却占十之七八，蒙古汗国志在必得。陆地作战，蒙古骑兵无往不胜；但与南宋作战，则必须以教练水军和驾驶战船为前提。而在这方面，长于骑射的蒙古人并不占优势。元至元十三年（1276 年）元军攻灭南宋，形成了北方政治中心与南方经济中心相分离的局面，必须依赖长途水运保障大都的物资供应。为此，元朝统治者格外重视水运力量，倚重熟悉水运的人物。元世祖忽必烈曾对丞相完泽说过：朱清、张瑄有大功劳，朕把他们视为股肱，你要注意保护他们。

朱清，字澄叔，今上海市崇明姚沙人。原为杨氏大户家奴，因不堪虐待，杀其主与张瑄结伙。张瑄，今上海市浦东高桥镇人。目不识丁，曾随朱清贩运私盐，并同为海盗。元至元十二年（1275 年）十一月，朱清、张瑄一同被元军将领董文炳招降。当

千里水路到张湾

时，朱清、张瑄已拥有海船 500 多艘和一批长于水上作业的士卒。他们的到来，大大增强了元军的水上运输能力。次年，朱清、张瑄将南宋库藏图籍连同被俘的南宋皇帝、大臣、宫女等海运至大都。元至元十六年（1279 年）大都地区发生严重旱灾，粮食供应发生严重困难。元朝统治者紧急调集山东粮食赈灾，同时，调发军夫 5000 人疏浚通州河道，又命令远在江南的丞相伯颜组织漕运。当时的漕运采用水陆联运方式进行，每年只能转运大约 30 万石粮食，与大都对粮食的迫切需求极不相称，并且路途迂回曲折，劳费过多。伯颜鉴于漕运艰难，又记起朱清、张瑄将南宋库藏图籍海运至大都的事，于是，命令上海总管罗璧及张瑄、朱清等造平底船 60 艘，运米 46000 石，从海路运往京师。初次海运成功，得到元最高统治者的肯定。次年运量 10 万石，又次年猛增至57.8 万石。张瑄、朱清得到忽必烈的赞赏。元至元二十年（1283

年）十二月，授朱清为海运万户，张瑄为千户。朱张二人系海盗出身，元政府对他们怀有戒心，采取行政措施，对他们加以制约。元至元二十四年（1287 年）元政府设立行泉府司衙门管理漕运海运事务，继而又设立 4 个海运万户府，分别以蒙古官员为正，朱清、张瑄等为副。元至元二十五年（1288 年）又分设内、外漕运司，设外漕运司于河西务，专门负责接运海道漕粮。元至元二十七年（1290 年）朱、张二人以在行泉府司管理之下深受限制为由上奏朝廷:4 个海运万户的所有损耗，都由朱、张二人赔偿，苦累不堪。请求罢去另外 2 个万户府。二人又要挟说：如果对二人不信任，请朝廷羁留二人在京师为人质，由两人的儿子代行海运。当时年海运量已达到 150 万石至 180 万石，占京城所需大半，而张瑄所统领的万户府完成海运量十分之六，朱清完成数量居其次。事关重大，在这种情况下，元世祖忽必烈答应了他们的要求，将 4 个海运万户府并为 2 个，授予张瑄骠骑卫上将军、淮东道宣尉使兼领海运万户府事，授予朱清骠骑卫上将军、江东道宣尉使兼领海运万户府事。至此，元朝海运由张、朱二人执掌。

忽必烈答应张、朱二人的请求还有另一个原因：忽必烈不但追求对接壤邻国的霸权，还追求对邻海国家的霸权，并且十分看重附属国呈献的财物。为此，忽必烈远征海外，发动了对沿海诸国的一系列战争。

大规模的海上作战，需要强有力的海运船队给予后勤支援，而这个任务，只能借助于张瑄、朱清的海运力量。为此，忽必烈又升任张瑄为沿海招讨使、江南行省右丞、佩虎符（可以调动军队的凭信），并赏赐钞印（印刷纸钞的模具）。由此，张瑄掌管钞印长达 17 年之久。张瑄、朱清凭借掌管的海上运输力量和所担负的漕粮海运、保障远征军后勤供应和元政府海外贸易的重任，成为能够左右大局的重要人物。

运河长桅万里舟

忽必烈死后，元成宗铁穆耳即位，朱、张的地位受到威胁，元大德七年（1303 年），元政府担心朱、张作乱，以反行贿为名，拘杀朱、张及张瑄之子张文彪，家资被籍没。张瑄的旁系族属被遣回原籍，直系族属则沿今陇海铁路一线向西流放，几经辗转，在今甘肃省文县，这个至今不通铁路的山区落脚。

据张瑄后人张耀文的《寻根访祖京苏沪》记载：张“在太仓

大肆修建私家园林，在北京通州张家湾建有豪华祠堂（今张家湾古城遗址处）”。文中提到，张瑄后人现居住的三个自然村，其中一个仍叫“张家湾”，并且张氏家谱中写道：“祖居北京通州张家湾，高祖张瑄。”

当年，张瑄为聆听上命，向朝廷表示忠心并为方便朝廷监察以免除猜忌，迁来族属，将海运船队总部设在长店，因“长店”不是正式名称，因此命名“张家湾”。元代在通州还设有造船基地，这个基地，也应该是张瑄所创建。由此推测，那时的张家湾附近，应该有一个与白河相通的大水面，可以为停泊与修造船舶提供便利。张家湾村落，是张瑄迁来族属以后形成的，今张家湾中心小学广福寺原址所埋藏的十余尊元代铁佛，也应该与张瑄有关。

在了解张家湾得名缘由之后，还不能解释何以成为古镇的原因。那么，张家湾在历史上到底发挥了什么作用呢？——当然，这与京杭大运河的历史作用有关。

张家湾水运

从元代开始，北京地区作为全国的政治中心出现在历史舞台上。但北京地区的自然条件欠佳，农业生产能力受到制约。元、明、清三代统治者都曾经努力开发北方农业，企图摆脱对南方物资的依赖，但始终没能超越自然条件的制约，不得不长期依赖南方经济区的物资供应。在现代铁路、公路、航空运输方式出现以前，只能依靠运河和海运，最基本的运输方式是运河航运。

事实上，从元至元十九年（1282 年）张瑄试行海运漕粮抵达张家湾的那时起，张家湾已经先于通州城而成为皇家码头了。京杭大运河开通以后，河运、海运漕粮都要经过张家湾转运大都（今北京），皇家码头的功能进一步强化。同时，张家湾还要接纳水运而来的商货和行旅。因此，它不只是漕粮码头，还是商贸货运码头和客运码头。这种状况一直延续了近 250 年。直到明嘉靖七年（1528 年），御史吴仲主持将通惠河改在通州城以北入运河，漕运中心北移至通州城时，张家湾仍然是商运和客运码头，仍然是北京地区连接江南塞北的最重要的水陆交通枢纽。弹丸之地的张家湾，频繁出现在史籍之中，它的名声远播于大江南北。

在元、明、清三代，张家湾作为皇家码头，它的历史作用主要体现在哪些方面呢？

漕粮与皇家物资运输

从元代至清代的近800年间，每年经运河运抵北京的漕粮300万石至500万石。朝廷在沿河，在河西务，在张家湾，在通州，在北京设立多座仓库储存。皇亲国戚、文武大臣、黎民百姓、边关守军，全都依赖水运而来的漕粮保障需求。漕粮和物资供给，保证了封建国家机器的正常运转。元代末期，东南地区爆发了大规模农民起义，导致京杭大运河水运断绝，大都城中严重缺粮，粮食价格高涨到每斗银二两。一些衣着华丽、身佩珠玉的贵族也不能幸免，饿死20余万人！正是年复一年的水运漕粮供应，保证了封建国家的稳定。

为皇家服务的物资运输，是京杭大运河的又一重要功能。金代修建中都城时的物资运输依靠运河，明清两代依然如此。明成祖朱棣修建北京的城池、宫室、皇陵和北部长城所用的砖，来自于苏州、临清。朝廷规定，北上的漕船每只搭运40块，民船每只搭运20块。搭运不及的时候，派专船运输。明永乐年间每年定额100万块，后期增加到几百万块，运输量相当可观。烧制琉璃瓦所用的黏土来自于安徽当涂、芜湖；所用的木材，多采伐于川、贵、湖广，其中，明嘉靖年间仅在湖广一省就耗银339万两。明万历年间在广、川、黔三省采办大木耗银930万两。意大利传教士利玛窦在《利玛窦中国札记》中，记载了沿途见闻。他和同伴看到几千名纤夫步履艰难地拖着长蛇般的木筏，有的木筏长达两意哩（1意哩等于5华里）。木筏是由一根根大梁扎成的，后面还拖着其他木料。纤夫们有时一天要行走五六意哩。木料来自四川省，将木料运到京城有的需要两三年时间。他们还看到采伐于四川的大木直径有 1 米多，长二三十米，运送一趟要花费 6 万多两白银，平均每根大木合 300 多两白银，特别巨大的木材甚至达到每根 3000 两白银之多，代价非常昂贵。明宣德年间，朝廷一次就命令景德镇烧造龙凤瓷器 44 万件，这些瓷器，也要经由运河运抵北京，这些瓷器需要近千只船运输。至于各种生活日用品，如衣、食、杂物等项，朝廷一般采取岁办或采办（临时征用或采购）的形式，由“贡船”（运送皇家物资的专用船）沿运河运至张家湾或通州，再转运北京。仅南京一地，专门为皇家运送新鲜食品的船只就有 160 艘。为了保持食品的新鲜，沿河各地都要设立“窨冰”的机构，以提供保鲜所用的冰。所谓“窨冰”，就是在河边合适的地方挖一个深 10 米左右的“冰窖”，冬天河水冻结很厚时，将冰采下，裁成方砖大小，存放在冰窖内，上面盖芦席并敷土以保持低温，等到来年夏天使用。现在通州东关“小百羊”商场的对面还有“老冰窖”地名，那里就是当年窨冰的遗迹。在漕运年代，张家湾也有“窨冰”。

设在南京、苏州、杭州的织造局，专为皇家采办御用绸、缎、纱、罗、布匹及其他纺织品。明万历年间，每年采办纺织品几十万匹。清代初期，皇家每年用于采办的银两达 10 余万两，到后期逐渐增加到 500 多万两。清乾隆年间，每年从云南采办铜 630 万斤，仅运铜的船只就需要几千艘。上述各类物资都要经运河水运到张家湾，分别存放在皇木厂、木瓜厂、盐场、铜厂、砖厂、花板石厂等专用场地，再转运北京。凡此种种，可以想象当时的运河水运是何等繁忙。这些物资都要在张家湾和通州交卸，张家湾和通州的码头又是多么繁忙！而这，仅仅是为皇家服务的物资运输，是运河运务中的一项。

孤帆远影碧空尽

商贸物资运输

京杭大运河开通以后，南方、北方物资以扬州、临清、天津、北京等沿河城市为交汇点相互流通，而通州和张家湾，是元明清三代极其重要的南北商货集散地。

明清两代，担负漕粮水运任务的10万运军往返搭运的商货，是水上货运的重要内容。这些运军长年累月栉风沐雨、历尽风涛、艰苦备尝，而途中粮船盘倒过坝，又每每受到勒索盘剥，因此他们的境遇十分凄惨。为了稳定军心，以保证漕粮运输，从明成化年间（1465—1487年）起，朝廷规定每只漕船可以随带免税商货10石，明嘉靖末年放宽到40石，明万历年间（1573—1620年）又放宽至60石。到了清代，这种商货被称为“随船土宜”，免税商货数额也随社会商品经济的发展而屡有增加。清雍正七年（1729年）朝廷谕令：漕船带货“于旧例六十石之外加带四十石”。清雍正八年（1730年）又规定：漕船头舵二人，每人准带土宜3石，每船水手合带土宜20石，合计为126石。清乾隆二年（1737年），批准江南、浙江漕船每只增加土宜40石。清道光八年（1828年）又增至180石。至此，每只漕船所带的土宜，已经是明代的3倍。清代杨锡绂在《漕运则例》中记载了漕船携带的商品，包括农产品、手工业品、山货、药材等，已达12类300余种，由此可以领略水运商货品类的丰富以及对于商贸活动的促进作用。

附：杨锡绂《漕运则例》记载的商品品种：

1. 农产：落花生、蚕豆、烟、茶等；

2. 棉织品：浜布、水纱布、黄唐布、生白布、杂色布、袜子、手巾、包头等；

3. 丝织品：各色丝绸、丝绵、丝线等；

4. 油类：桕油、桂油、柏油、香油、虾油等；

5. 酒类：泉酒、色酒、绍兴黄酒、花露酒等；

6. 干鲜果品：橘饼、桂圆、蜜果、乌梅等；

7. 各种食物：竹笋、木耳、干菌、茴香、香蕈、胡椒、麒麟菜、鸡脚菜、台鲞、淡菜、藕粉、生姜、酱姜、闽姜、腐乳、皮蛋、莲肉、火腿、醋、冰糖、海带、鲚鱼等；

8. 纸张：扛连纸、官方纸、毛边纸、花尖纸、色纸、阡纸、荆州纸、火纸、淌连纸、油纸、辉屏纸、川连纸、沙绿纸、神马纸、黄塘纸、毛厂纸、表心纸、表青纸、申文纸、元连纸、竹绵纸、古柬纸、黄表纸、对方纸、文号纸、毛六纸、桑皮纸、古婺纸、古连纸、九江纸、金砖纸、卷筒纸、高白纸等；

9. 竹器:木面桶、澡桶、马桶、面盆、小镜架、小漆盒、筷子、茶盘、木屐、伞、箭杆、笔管、藤鞭杆、篾箩、草席、梳子、篦子、扇子、烟袋杆、藤、篾、麻等；

10. 各种杂货:苏木、肥皂、锡箔、蓝靛、铜绿、胭脂、银朱、松香、木香、白蜡、泥人、水银、红麹、鱼鳔、石膏、牛皮、杭粉、皂矾、靛花、紫草、明瓦、灯草、漆等；

11. 铁铜器：铁锅、钢条、条铁、包铁、铜丝、铁丝等；

12. 药材:薄荷、陈皮、丹皮、苍术、竹叶、栀子、硼砂、砂仁、石黄、川芎、人中黄、茯苓、姜黄、黄檗、青元皮、厚朴、杜仲等。

此外，瓷器、扫把、扁石、竹子、杉篙、木头等“俱不算货”，即不作为商货计算，可以任意携带而不纳税。漕船南下时，每船可以随带免税货物 40 石，所携带的商品主要是北方的畜产品、农产品和副产品，诸如皮毛、筋革、山货、参茸药材、梨、枣、核桃、瓜子、柿饼、豆、麦、高粱、粟、棉花、烟草等。

由于南北经济发展的不平衡，由南而北携带的主要是手工业品，由北而南携带的主要是畜产品和农产品。以清道光年间漕船 6236 只计算，每年由南而北的漕船共带免税土宜 1138680 石。漕船到通州交卸漕粮以后，仍以 6236 只计算，每年随船南下的北方土特产品达 379560 石。然而，这只是按照朝廷规定数量计算的数额，事实上，绝大部分运丁或大量超载，或在造船时私自将船体加长加宽，以求利用水运多得收益。明代宋应星在《天工开物》中记载：运丁在打造漕船时，“私增身长二丈，首尾阔二尺余”。朝廷规定漕船入水深度“不超过三尺”，据清代魏源记载，“江西、浙江之船则巍然如山，隆然如楼……入水多至五尺以上”，每只漕船“复携二三剥船（用于装载货物的小船）以随之”，致使随处搁浅。可见，随漕船带运的商货数量远不止前面计算的数额。这种情况年年如此，在长达800年的时间里，运河商运的数量之大也就不言而喻了。

在民间贸易方面，“燕、赵、秦、晋、齐、梁、江淮之货日夜商贩而南，蛮海、闽粤、豫章、楚、瓯越、新安之货，日夜商贩而北”。京杭大运河就是一个货物交流的大动脉。张家湾、通州“商贾辐辏，财货充盈”，“两岸旅店丛集，居积百货”。举凡“天生地产，鬼宝神爱，山奇海怪，不求而自至，不集而自萃”。清代中期，商运较元代、明代更为兴旺。江南的“南货”、五岭以南的“广货”、川黔的“川货”、闽广沿海进口的“洋货”，源源不断地经京杭大运河运至张家湾、通州，再转运行销于北京及北方各地。通州、北京的粮食市场，有来自于河南、山东、直隶所属的大名、江南省的徐州经水路运来的各种粮食。“每年二月开河后，（私商）粮船雁行北上，仅通州（包括张家湾）一地贮存者，即年约五六十万石”。清光绪二十一年（1895年），俄国商人在中国南方购买茶叶90万石，经运河水运至张家湾和通州，再用骆驼陆运回国。

运河长流不息，运河之上的商贸运输年年如此。长年累月，南北货物的交易数量无可计量。清代包世臣说：“南货附重艘入都，北货附空艘南下，皆日用所必须，河之通窒则货之贵贱随之。”

暖风吹入短篷来

运河商运对于社会经济发展和国计民生的影响是显而易见的。而上述南货北货都要经由张家湾、通州等地交流集散，可以想见，当时的张家湾百货云集、商铺林立、摩肩接踵、寸土寸金，是何等的繁盛！可称得上是流金淌银之地了。

水上客运

京杭大运河开通以后，拉近了南方与北方的心理距离，使相距遥远的中国南北方各族人民的了解、交流、融合成为可能。由于有了运河，帝王南巡、士大夫造朝、学子应试、商贾行旅都经过运河南来北往，促进了经济、文化的交流和发展，从而促进了国家的统一和中华大家庭的团结。

隋炀帝从江都（扬州）到幽州，在水上行走了50多天。清乾隆十三年（1748年）二月初四日，年仅38岁的乾隆皇帝乘坐“安福舻”龙船，孝贤皇后乘坐“翔凤艇”由通州经张家湾顺流而下。乾隆皇帝六下江南虽然不都是从张家湾乘船，但走的都是运河。元明清三代，有多位皇帝巡幸张家湾。其中，在张家湾流连时间最长、到张家湾次数最多的两位皇帝分别是明武宗朱厚照和清康熙皇帝。元明清三代，附属国使臣多经运河抵达张家湾稍事休息，再到京师朝贡。意大利传教士利玛窦三次到过张家湾，英国使臣马嘎尔尼在张家湾暂住学习中国礼仪，而后才到北京觐见中国皇帝。在往来中国的商旅中，先后有 12 位琉球国人病逝后，葬在张家湾镇立禅庵村，其中有官员 7 人、官生 5 人。云南景洪车里土司进京朝觐因病去世，葬在张家湾西不远的车里坟（1993 年建成居民小区，改称云景里）。至于 800 年间运河上南来北往的官员、进京赶考的举子、学者名士、商贾行旅，更是多得难以计数。1992 年通县教育局整理出版的《通州诗抄》，辑录了从金代至清末近 300 首吟咏通州、张家湾、漷县的诗作，作者大多数是朝廷官员、著名学者、社会名流，如金代的李宴；元代著名才子马祖常、著名诗人张翥；明代大学士杨士奇，著名学者李卓吾，著名剧作家、文学家汤显祖，画家唐伯虎的好友、著名书法家文徵明；清代康熙皇帝、乾隆皇帝；等等。清初，《国榷》的作者

民国时期运河通州段上的商旅

逆水行舟人似牛

谈迁为了到北京收集明朝历史资料，在清顺治十年（1653年）至十三年（1656年）沿运河北上南下，北上，写成了《北游录》；南下，撰写了《后纪程》，分别辑录了沿途见闻。元明清三代中的社会名流大多到过张家湾和通州。

运河上大规模的漕运和跨流域商贸经济活动，吸引着汉、回、蒙、满等十多个民族。正如《京杭大运河的历史与未来》一书所描述的：大量河工、船户、水手、搬运工人、官僚、衙役、军兵、商贾、僧众等不同阶层各色人等与沿河居民杂居共处，他们互相影响、互相渗透，使民族间的畛域和差异逐渐消失，性格、风俗、物质生活方式和精神生活方式逐渐融合。儒家文化成为核心理念和民族融合的精神基础，特别是随着儒学的进一步系统化、世俗化、平民化，逐渐成为官民之间、汉族和少数民族之间强大的精神纽带与整合力量。理念的趋同使民族的心理素质逐渐走向一致，民族的认同感由此产生。

京杭大运河具有漕运、商运、客运三大功能，而张家湾是大运河所有功能的主要承载地之一。张家湾为国家的稳定、民族的振兴，为北京的繁荣、安定和发展做出了历史性的贡献。

张家湾旧貌回眸

北京地区自元代成为全国性的政治中心以后，通州、张家湾由于运河水运而成为水陆交通枢纽，仓储、物资交流、文化交流和人际交流的中心,重要作用日益显现。据统计,明代永乐朝以后,每年经张家湾抵达通州的各类运船达 3 万多艘，也就是说在长达 6 个月的夏秋季节里，每天到达的运船平均有 200 艘之多。而经过张家湾附近运河往返的船只至少有 400 艘以上。此外，从明代中期起，北运河浅涩，大部分漕船不能抵达通州城下，只能停泊

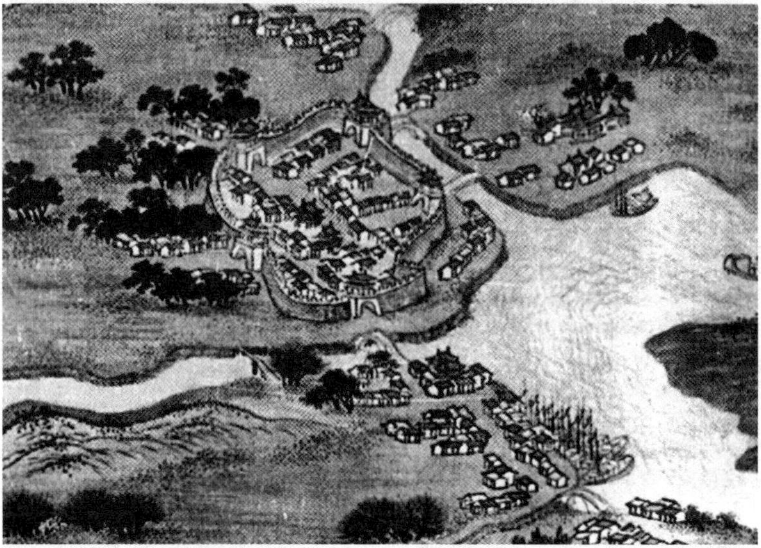

清运河图中的张家湾城

在张家湾附近，以小船驳运，这也大大增加了张家湾至通州河道上船只的数量。从张家湾到通州的河道上，水势环曲，运河之上漕船、皇船、驳船、官船、客船、商船、附近居民售卖蔬菜果品的小船你来我往，成千上万艘各类船只汇集河上，帆樯林立、气势壮观，与沿河两岸村居岸柳交相辉映，形成了一幅幅壮丽的画图。

自明代起，朝廷在运河沿线设置了许多浅铺，设置 47000 军夫长年维护河道。在张家湾附近河道上，就设有花板石（上、下）、卢家林、里二泗、王家、马房、公鸡店等浅铺。据《潞河督运图·冯应榴跋》记载，在通州至张家湾河段，“型同高几、系着绳子，岸上牵拉的是刮板，牵拉的人员称为浅夫，肩负柳枝的是标夫。潞河多流沙，不能用疏浚的办法解决，只能随时刮沙、沙随水去，以便漕船通行”。张家湾河岸设有商运、客运码头和皇家的竹、木、石、砖、盐等码头。在通州，则有土坝、石坝和商运码头。往来于运河上的船只在上述码头停泊，装卸货物，年深日久，运河上往来的运夫、船夫对沿河村落已经十分熟悉。清代嘉庆以后，有人将船只经过马头至通州的航程编成了歌谣：

于林庄上小屯就，崔家楼上二泗浮。
烧酒巷向张家湾，花板老堆望通州。

歌谣中的“于林庄”“小屯”“崔家楼”“烧酒巷”“张家湾”是村名；“花板（石）”，是明代在张家湾附近存放从南方运来的花板石的堆场旧址形成的地名称“花板（石）”。最后一句中的“老堆”，所见的历史资料中未见这个称谓，可能是过了花板石厂不远有货栈（堆坊），因年代长久，被人称为“老堆坊”。

乘风片帆轻

张家湾街市

远来的船只一部分要到通州停泊，而商船、客船主要在张家湾停泊。这些船上的行旅要转赴他地，所载的商货要远销四方。在张家湾通往京师和通州的道路上，步行的、乘车的、坐轿的、推车的、挑担的、骑马的、拉骆驼的络绎不绝。张家湾镇内一街两巷商铺林立，达500余家。街道上车水马龙、摩肩接踵，“日日为市、弦歌相闻，最称繁盛”。

通州和张家湾这“寸土寸金”的宝地，引来了各地巨商大贾和京师的达官贵人。以通州为例，在金代，就有宫廷中的宦官设立酒坊，所产的“竹叶青”“金澜酒”享誉京师内外。到了明代，京城的权贵依权仗势在中仓西侧设置酒坊，收购仓粮酿酒牟利。以后居民渐多，逐渐形成了大、中、小三条烧酒胡同（1991 年改建为中仓小区）。在张家湾附近也不例外，元代以来，一些精明的商家在运河畔设置烧锅，收购运河上漕船的漕粮酿酒，再销售给过往的漕丁和客商。酒坊越聚越多形成村落,村名就叫作“烧酒巷”。《红楼梦》作者曹雪芹家曾在张家湾花枝胡同开有当铺，在城外还有 600 亩土地。山西商客聚集张家湾经商，在这里建立了会馆。在镇内主要街道上，每天熙熙攘攘、万头攒动。

商铺林立是当时张家湾城的一大景观，各种商品琳琅满目，应有尽有，年深日久，形成京东一大商埠。对于商铺的名号，历来是很有讲究的。有人将商号常用的吉祥字组成了一首诗：

国泰民安福永昌，兴隆正利同齐祥。
协益长裕全着瑞，合和元亨金顺良。
惠丰成聚润发久，谦德达生洪源强。
恒义万宝复大通，新春茂盛庆安康。

张家湾商铺的字号一般由三个字组成，前两个字选用吉祥的字,后面再分别加“号”“斋”“堂”“记”“坊”“居”“轩”“楼”“庄”“行”“店”等字。这些店铺代代相传，到中华人民共和国成立前夕仍在经营的老字号有：“天盛斋”猪肉铺、“永元号”茶庄、“天成楼”首饰店、“二友轩”蒸饼铺、“天顺”当铺、“振昌合”陶瓷店、“义永丰”布铺、“庆和成”粮行、“济生堂”药铺、“德聚永”油盐店、“万和永”杂货铺、“三合厚”瓷器店、“隆生和”布店、“裕成和”布店、“聚源隆”布店、“天生堂”药店、“大生”药店、“义兴隆”绸布店、“成顺”粮行、“成隆”车铺、“同顺”澡堂、“俊峰斋”饭馆、“同意轩”烧饼铺，还有“贺记”煤铺、“李记”酒铺、“王记”铁铺、“冯记”棺材铺、“康记”糕点铺、“刘记”包子铺、“田记”理发店、“丁记”旅店、“汪记”斗局、“管记”鞋铺、“赵记”皮子铺、“高记”面铺、“王记”碾坊、“潘记”豆腐坊、“马记”果铺、“尹记”杂货铺、“何记”烧锅、“刘记”骆驼店、“李记”车马店等。

对于张家湾漕运时代的繁荣程度，史籍没有完整记载。不过，我们可以通过两位外国人对通州的记述和《潞河督运图》跋文中的描述，来想象当时张家湾的繁盛状况。因为当时的张家湾与通州，是同一时代一个码头的两个部分，虽有分工，但它们是互为依托、相互依存的，在繁盛程度方面没有明显的区别。

清乾隆四十五年（1780 年），朝鲜贡使朴趾源赴北京朝贡，将一路上的见闻辑录成《热河日记》。书中对通州的情况是这样记录的：“至（潞）河边，河广且清，舟楫之盛可抵长城之雄，巨舶十万皆画龙……不见潞河之舟楫，则不识帝都之壮也……下船登岸，车马塞路不可行，既入东门，至西门五里之间，独轮车数万，填塞无回旋处。遂下马，入一店铺中，其瑰丽繁富，已非盛京（今沈阳市）、山海关之比矣。艰穿条路，寸寸前进。”“艰穿条路，寸寸前进”，可见人满、车满为“患”。

清乾隆五十八年（1793 年），英国使臣马嘎尔尼在他的《英使访华录》中这样记载：“通州城的范围越来越大，已经打破了城圈，发展到郊外。城墙是用砖砌的，建筑得很坚固。城墙高过城内所有的房子……工商业显得非常兴旺，确实表现出是一个为首都服务的城市。商店铺面都上着五颜六色的漆，有的甚至涂金，悬挂着很长的招牌来吸引顾客。货品中有来自于南方的茶叶、丝织品和瓷器，有的是来自于鞑靼区的皮货。我们非常有兴趣地看到，货品中居然还有少量的英国布匹……通州这个地方商业繁盛，从停泊在河上的大量船只数目上和令人惊骇的人口稠密上可以看出。”

我们还可以从朱启钤为清乾隆年间《潞河督运图》所写的尾跋（译文）中，看到当时张家湾的影子：“……卷首展现的是（张家湾附近）郊野风光，其中有农人引水灌田、牵牛担柴、妇人汲水洗衣，老幼妇孺、鸡鸣犬吠……街市逐渐繁盛。售卖百货的有酒、有烟、有面粉、有杂粮，沿街叫卖的小贩售卖的有鲜鱼、有果品、有蔬菜、有筐篮、有杯盘等，至桥畔，骑马、乘轿以及行人熙熙攘攘，街市越加繁盛。卖食品、绸布、酒浆、药剂的店铺林立，已为闹市……河南岸悬挂布料像旌旗悬垂的地方，是染布的作坊。街市上竖立枪械并陈列百药的，是以武艺招揽众人而卖药的。在店铺内倚几而坐，店内陈列权衡的，是银钱交易的场所。包木棉而翘至屋檐作为幌子的，是售卖棉花的店铺。《图卷》之内还有百工食力的各色人等，推独轮车而徐进者是卖水的，在街市上设摊陈列笔砚龟策的是卖卜算卦的，拄竹杖手敲小钲者是盲人，陈列洗脸盆而以唤头招揽生意的是剃头匠，手弹琵琶、六人列坐饮茶而听者是说书的。《图卷》中的人物八百多人，有的相顾盼、有的相牵引、有的搭肩挽臂，有远望的、有肃立的、有闭目小憩的、有嬉笑的、有面色红润的、有面带短须的，有幼童、有老年，有长须垂胸的、有面色白皙的、有眼力不济的、有腿疾难行的、有身负重物的、有体态丰腴的、有骨瘦如柴的……而人物神态毕具。”上面所陈述的是通州当时的情景，同样，当时张家湾的街市也应该是这个样子。

管理衙署

为了管理和护卫漕运，明清两代在张家湾城内外和运河码头附近设立了多个管理机构，胪列如下：

张家湾巡检司，明永乐年间（1403—1424年）设置，位于土桥（张家湾中码头西侧），上隶通州卫指挥，武职掌管。主要职责是维护治安，侦缉匪盗。清代移至城内。

张家湾宣课司，明永乐年间设置，位于土桥（张家湾中码头西侧），文官掌管，主要职责是征收上、中、下三座码头粮货商税。

大通关，明永乐年间设置，位于长店即今张家湾镇村处，由户部官员掌管，主要职责是征收各种商税。这里是货运大码头，南北商货汇聚于此。朝廷规定：各种货物必须纳税以后才可以通行，所以称为“大通关”。

盐仓批验所，明永乐年间设置，位于张家湾烟墩南。自春秋初期以后，历朝历代都实行食盐专营的政策。盐仓批验所是明代北方盐业批发中心，其中膏腴最厚，历来被视为肥差。由户部直管。

料砖厂，位于今土桥村迤北砖厂村。明永乐年间为营建北京城池宫室而设置。主要职责是接收、转运从南方经潞河运来的城砖、金砖等。由工部直管。

皇木厂，位于今皇木厂村西北。明永乐年间为营建北京城池宫室而设置。主要职责是接收、转运从云、贵、川经潞河运来的珍贵木材等。由工部直管。

通济仓，明正统元年（1436 年）建，位于今张家湾粮库及以北民房处。国家粮仓，上隶通州坐粮厅，由户部仓场总署委官管理。

竹木抽分局，明永乐年间设置，位于今皇木厂村中，主要职责是按照数量、长短、宽窄、薄厚，征收南方商运的竹、木、板、片税金。上隶大通关。

张家湾防守营，位于张家湾码头北，明嘉靖三十一年（1552 年）设置，设守备一员，率军丁五百，主要职责是保卫漕运安全。清康熙三十年（1691 年），营址移到张家湾城内官沟以北，俗称“老衙门”。

通州左卫营房，明成化年间（1465—1487 年）设置，位于大高丽庄迤西，今台湖镇上营村与东、西下营处。

和合驿，明万历四年（1576 年）由今西集镇合河站村移至张家湾栅栏处，设驿丞一名，驿夫、驿马若干。主要职责是传递机要文书。上隶通州州署衙门。清康熙三十四年（1695 年），将位于通州城东的潞河水马驿迁来，与和合驿合并。

递铺，明、清两朝均设，位于大高丽庄村中，主要职责是传递军情。上隶兵部。

漕运通判衙署，元、明两朝均设，位于张家湾城中，设通判

万里南来第一船

一员，主要职责是管理漕粮转运、修河、筑堤事宜。上隶通州州署衙门。

此外，这里需要重点介绍的还有两个前无古人、后无来者，纯纯粹粹的皇家专设机构——皇店：

宝源、吉庆皇店，位于今张家湾镇村，是由明武宗朱厚照在正德年间（1506—1521 年）开办的。主要职能是收租派款、征收杂税，为皇帝个人捞取经济利益。据《北京史》记载："万历时，神宗又把崇文门和张家湾的官店赐给他的兄弟潞王（朱翊镠）和皇三子福王（朱常洵），他们在那里既征店租，又征商税，既招歇客商，又批卖商货……"说来荒唐，在封建社会，在理论上整个国家都是皇帝个人的，但是，朱厚照毕竟还是在张家湾开设了两个皇店。皇帝个人开办皇店的事实说明，其一是张家湾经济活跃，流金淌银声名远扬，就连皇帝也"垂涎三尺"；其二反映出了朱厚照的贪婪与无耻。

张家湾过客小记

千百年来，往来于运河之上的各色人等不计其数，那么，哪些人物在张家湾留下了历史的痕迹呢，有些什么故事呢？

两位皇帝

据史料记载，元明清三代，有多位皇帝到过张家湾，其中流连时间最长和到过次数最多的有两位皇帝，一位是明武宗皇帝朱厚照，另一位是清康熙皇帝玄烨。先说流连时间最长的明武宗皇帝。

明正德十四年（1519 年），宁王朱宸濠以武宗朱厚照荒淫无道为借口，在南昌举兵十万造反。叛军略九江，破南康，出江西，率水军舟师攻击安庆。消息传到京师，武宗朱厚照先是以“这是朕的私家事”为由置之不理，后又认为可以借平叛名义，到江南游幸。于是，化名朱寿并自任总督军务、威武大将军、总兵官，亲率各镇边兵征剿叛军。

当年九月，武宗皇帝率各路兵马从北京出发，原想将他从太原掠来的乐工杨腾之妻刘氏携带同游，又怕遭到群臣反对。于是，将刘氏送到张家湾暂居，临别时朱厚照取刘氏一簪戴在头上作为信物。兵马路过卢沟桥，不意刘氏头簪遗失，朱厚照命人寻找几日不获，心中不快，但也只得前行。到了临清，朱厚照派人前往张家湾迎接刘氏，刘氏不见头簪不敢同去，而朱厚照竟然撇下所率兵马，独自乘船到张家湾来接刘氏，然后双双乘船南下。而在此期间，朱宸濠已经失败，与诸子、兄弟一起被俘。武宗朱厚照见此情景，竟荒唐地提出将朱宸濠释放在阳澄湖上，由他亲自再捉一次，被随行官员劝止。

武宗朱厚照“平叛”的目的已经达到，心中只有游乐。在江南设宴庆功，游山玩水，直到明正德十五年（1520年）八月才恋恋不舍地返回。一路上接受地方官吏庆功，收受贺礼，继续游山玩水。十月抵达天津，经张家湾抵达通州，又在通州流连达44天，十二月返回北京。

清康熙皇帝玄烨，是一位很有作为的皇帝，在位61年，巡幸通州达27次。其间，数次到过张家湾。清康熙二十年（1681年）八月二十五日，康熙皇帝率太子到南苑狩猎，次日，沿浑河（今凉水河）东行视察水利，到达张家湾河口。再至里二泗村，巡视运河与漕运情况，驻跸佑民观办理朝政，至九月十六日经大红门回京。清康熙三十三年（1694年）五月、三十四年（1695年）五月，康熙皇帝率太子两次巡视运河河堤，先驻崔家楼，乘船经张家湾至马头，回京时黄船停泊在通州石坝。清康熙三十七年（1698年）四月，康熙皇帝巡视运河，停船崔家楼，次日乘船顺流而下，经张家湾到和合站，回京时至崔家楼登岸。清康熙四十四年（1705年）康熙皇帝率太子自南苑至张家湾乘船南行。

清康熙五十四年（1715 年）二月，康熙皇帝巡视京郊，驻跸长店（今张家湾镇村）。

众多使者

明代中国的附属国有朝鲜国、安南国、琉球国、占城国、暹罗国、爪哇国、浡泥国，郑和下西洋以后增加了吕宋、苏禄、婆罗（文莱）等。清代中国的附属国有朝鲜、琉球、安南、苏禄、缅甸、南掌、暹罗、浩罕、阿富汗、尼泊尔、哲孟雄、不丹、拉达克等。附属国要向宗主国称臣纳贡，接受中国政府的册封和印玺。明清两代统治者原则上是以一种“王者不治夷狄，来者不拒，去者不追”的态度对待附属国的，并不干涉附属国的内政。对于附属国的纳贡，中国的统治者为了显示“天朝大国”气度，往往本着“薄

朝鲜国使团

来厚往”的原则，给予朝贡者以大量的赏赐。京杭大运河迎送过众多外国使者。

朝鲜国前来朝觐的使臣，一般沿今京哈公路一线先到通州，再到北京朝觐。其他国家的使臣一般是经由水路到张家湾、通州，再进京朝觐，但任何事情都会有例外。明弘治元年（1488 年）闰正月，朝鲜政府以崔溥为敬差官（即钦差大臣），出巡济州等海岛，次年正月初三日回原籍奔丧。不料出海后，一连多日遭遇大风潮，一行 43 人所乘海船多次遇险，行李、什物尽抛海中，险遭沉溺。十余天后竟被风潮裹胁至中国宁波附近沿海。在一海岛他们遭遇海盗，一行人尽被海盗欺侮蹂躏。因为没有金银钱财，崔溥的海船又被海盗抛弃橹桨，牵至大洋之中，任其漂流，直至十七日才被风浪推至宁波府台州临海县登陆。接着，遇地方官员贪功，诬其为倭寇。经官府核实确认身份以后，浙江布政司派遣指挥一员陪同崔溥一行，经陆路到杭州，再经水路沿京杭大运河，一直护送至北京。经兵部、礼部会同上奏，明廷命浙江原派指挥伴送崔溥一行至辽宁，再由辽宁委派通事（翻译）等人伴送至中朝边界。崔溥将沿途见闻写成《漂海录》，其中在记述经过张家湾的情景时，他写道：“（三月）二十七日晴，大风，平明至和合驿。又过漷县，县治在河之东岸，马头巡检司、崔氏园亭在其中。至此，沙堆高大如丘陵然。又过火烧屯、公鸡店、李二寺、长店儿、大通关、浑河口、土桥巡检司至张家湾，即诸路贡赋、朝贡、商贾之船所集处也。”

意大利天主教传教士利玛窦（1552—1610 年），通晓天文、地理、数学、物理等现代科学，熟知中国的儒家经典、官场礼俗。

明万历十年（1582 年）到达我国澳门，先后在广东肇庆和韶州、南昌、南京等地传教讲学，受到明神宗皇帝朱翊钧的赏识。为了觐见明神宗皇帝，利玛窦曾三次到过张家湾。

第一次是在明万历二十六年八月七日（1598 年 9 月 7 日），利玛窦与郭居静神甫，游文辉、钟鸣仁二修士（均为意大利人，在中国取了中文名字）乘坐马快船溯大运河北上，到了张家湾码头。一路之上，利玛窦和他的同伴看到了大运河沿途风景和运河之上的繁盛状况，在张家湾，他看到漕船与皇家货运船齐集河面和各个码头的繁忙情景，将这些写进了他的著作。到了张家湾以后，客船不准再往北行，于是，他们上岸雇车，将准备献给中国皇帝的礼物运进北京城。他献给中国皇帝的礼物有自鸣钟、圣母雕像、八音琴、玻璃三棱镜等。然而这一次，他们并没有受到中国皇帝的接见。

第二次是在当年十月十九日（11 月 17 日），在北京等待了两个月，仍然没有被中国皇帝召见，于是来到张家湾，租船南返。

利玛窦第三次到张家湾，是在明万历二十九年十二月二十一日（1601 年 1 月 24 日）。利玛窦与费迪我神甫和游文辉、钟鸣仁二修士携带礼物，从南京乘官船沿运河北上，辗转到达天津。因北运河已经封冻，不能航行，天津知府衙门为他们准备了“八匹马和三十名脚夫”，经杨村驿、河西务驿，到达张家湾和合驿。然后，进京觐见中国皇帝。这一次他准备献给中国皇帝的礼物有雄鹰雕龙小钟、几架风琴、一幅圣母画像、一件银制圣餐杯等。在利玛窦敬献的礼物中，有一幅《坤舆万国全图》，也就是今天所说的世界地图。中国皇帝和众位朝臣第一次在图上看到了世界的图景。然而，中国传统学说对于世界的解释是“天圆地方”，两相对照，这使皇帝和大臣们惊诧不解。

清康熙六年（1667 年），荷兰国王第一次派遣使臣来到中国；二十五年（1686 年）第二次派遣使臣来到中国。这两次的行程，都是由水路经张家湾、通州再到北京觐见中国皇帝的。

清乾隆五十七年（1792 年），英国派遣马嘎尔尼出访中国。马嘎尔尼率领他的远航船队于当年公历 9 月出发，在第二年的 8 月 16 日经过张家湾到达通州，然后觐见中国皇帝。马嘎尔尼将他的沿途见闻，写成了《英使访华录》。

明清时期的琉球国，就是今天日本的冲绳。明清两代，琉球国与中国之间往来人员很多。琉球国的使臣及到中国学习的留学生往往都是经过大运河北上，到张家湾暂住，然后进京。因此，对张家湾的情况十分熟悉。1991 年秋，日本国冲绳县组成百人参观团，从福建经杭州，沿着当年琉球国使臣、留学生进京的路线，步行到张家湾，寻访前人的遗迹。

有清一代，琉球国的使臣、留学生在中国病故者共计 31 人，其中贡使 24 人，官生 7 人。上述病故人员安葬在通州张家湾，福建省闽县、侯官县及附近地区。在张家湾镇立禅庵村南，埋葬着琉球国 12 位使者，其中职位最高、最早安葬在这里的是琉球国朝贡副使、正议大夫杨联桂。他于清康熙五十八年（1719 年）十月在北京病故，清政府“选择吉地”，在中琉两国交往的必经之地张家湾厚葬。最早安葬在这里的留学生是蔡宏训，他被派来中国学习汉学，在清雍正二年（1724 年）病逝。最晚安葬在这里的是陈情都通官王大业，于清光绪十四年（1888 年）在北京亡故。

通州知州在奉旨修建琉球国人墓地的时候，还特地树立了一通“保护碑”，责令地保经常查巡，保护墓地，不得任人破坏，表达了中国人民对友好邻邦的深厚情谊。

琉球国王大业墓残碑（局部）

与张家湾有关的故事

由于张家湾的名声远播大江南北、长城内外，以至成为文学创作的背景出现在许多文学作品之中。流传广泛的《冯魁卖妻》的故事就诞生在张家湾。故事的梗概是这样的：明朝末年，家住张家湾的冯魁，因荒年度日艰难，将家中仅有衣物典当净尽，所得银钱却又被贼人偷去，陷入绝境。儿女嗷嗷待哺，行将饿死，夫妻二人哀伤不已。冯魁只得将妻子卖给河南客商夏经秀，以救子女。骨肉即将分离之际，夫妻、母子失声痛哭，难舍难离。夏经秀见此情景，动了恻隐之心，情愿身价不要，使其合家团圆，并另赠银两而去。故事唱词中说，“张家湾出了卖人市……河里的草上了秤盘……十七八的姑娘卖钱两吊，寡妇还得倒贴光棍儿钱……”这段唱词活生生地勾画出了封建社会张家湾下层人民的悲惨境遇。

在明代白话小说“三言”“二拍”中，也有多篇故事内容涉及张家湾。例如，《警世通言·卷十一·苏知县罗衫再合》，说的是涿州举子苏云，“一举登科，殿试二甲，除授浙江金华府兰溪县大尹……苏云同夫人郑氏，带了苏胜夫妻二人，伏事登途，来到张家湾地方”。以下记载了当时雇船的做法：“原来坐船有个规矩，但是顺便回家，不论客货私货，都装得满满的，却去揽一位官人乘坐，借其名号，免他一路课税。不要那官人的船钱，反出几十两银子送他，为孝顺之礼，谓之坐舱钱。”

又如《警世通言·卷三十二·杜十娘怒沉百宝箱》中写道：“再说李公子同杜十娘行至潞河（张家湾），舍陆从舟……”

《喻世明言·卷四十·沈小霞相会出师表》中写道：“沈襄先奉灵柩到张家湾，觅船装载。沈襄复身又到北京，见了母亲徐夫人……到了张家湾，另换了官座船，驿递起人夫一百名牵缆，走得好不快。”

如果说以上的故事，只是“三言”作者冯梦龙以张家湾作为背景的话，那么，另一位作者凌濛初则讲了一个“发生”在张家湾的故事：

《二刻拍案惊奇·卷三十八·两错认莫大姐私奔，再成交杨二郎正本》中说，张家湾居民徐德之妻莫大姐轻浮放荡、红杏出墙，被人骗卖到娼门，后被同乡救出。整个故事色调灰暗，描写了张家湾繁盛中的另一个社会层面。明代曹代萧有诗：

潞河东湾四十程，烟光无数紫云生。
王孙驰马城边过，笑指红楼听玉筝。

诗中直白地道出了当时张家湾的原生态：开放、时髦、前卫；在财富聚集、流金淌银的漕运码头，一些社会的丑恶现象也衍生了出来。那么，凌濛初真的了解张家湾吗？

凌濛初，浙江乌程（今湖州市）人。字玄房，号初成，别号空观道人。生于明万历八年（1580 年），于明崇祯十七年（1644 年）去世。明末小说家。自幼聪明好学，12 岁入学，18 岁补廪生，但此后多次科考不得志。明崇祯五年（1632 年）授上海县丞。第二年，凌濛初以松江府白粮押运官（时称“旗甲”）的身份，带领漕船一路北上，顺利到达张家湾。此时社会动荡，朝廷重视白粮收储事宜，京仓巡仓御史与科道官员专程到张家湾验收。继而在通州卸载时，凌濛初又受到仓场侍郎南居益的接见。这次押运顺利完成。途中，凌濛初作《北输》前、后两赋，被后人评价为“是可以为松郡良法矣”。

青少年时期，凌濛初曾在北京读书并参加乡试，其间往返探亲、接送亲友，多次经过张家湾。此次押运白粮，按照规定可以逗留 10 天，如果以一个小说家的眼光了解张家湾的社会风情，时间上应该是比较充裕的了。至于小说中提到的“岳庙”“齐化门（即朝阳门）”，都是当时的建筑物，两者之间相距仅 2 里左右。

旧迹寻踪

张家湾古城建城因地制宜，依河就势，因此城池不很规整，呈瓦刀形。城墙内外都砌了城砖，很是坚固。张家湾南城外，古老的萧太后河静静地向东流淌。

张家湾的古城

张家湾地处平原，水路交通便捷，但无险可守，兵烽岁月处境十分危险。明正统十四年（1449 年），瓦剌军首领也先在土木堡之战大败明军，俘获明英宗朱祁镇以后，大举进攻京师。当时通州、张家湾储粮数量极大，一旦被瓦剌军占据，无异于恶虎长出了钢牙。于是，明廷下令军民出动，将所有粮食搬运入京。第一天传令，运入京师二石者，以一石入仓，一石归自己。京师官民士绅悉数出动，到通州和张家湾抢运，但仅靠有限的运力，运量有限。第二天传令，运京粮米全部归自己。此举进一步调动了城乡士官工商、居民豪绅的运粮积极性。倾城出动，通州、张家湾存粮有所减少，但距离全部运完尚需时日。第三天，迫于形势压力，搬运不及的存粮，全部焚毁。

清康熙年间（1662—1722 年）《漕运全书》中的通州、张家湾地区示意图

明嘉靖四十年（1561 年）俺答率鞑靼兵 6 万，入侵明长城以南。四十二年(1563 年)残元石黑炭部再次逼近京师。十月下旬，残元辛爱部攻破墙子岭关，大掠顺义、三河，逐渐逼近漕运水道和仓储重地。朝廷和明军粮饷供应面临断绝的危险，于是朝野震恐。明世宗朱厚熜焦急万分，一面大力在通州、张家湾部署防御，沿运河大张旗鼓，虚张声势，以为疑兵，一面紧急诏令大军驰援。所幸残元辛爱部不明就里，唯恐陷入重围，撤兵北遁。

活跃于沿海的倭寇，同样令明朝历任皇帝揪心。明嘉靖年间，明朝国力衰退，而日本国内也战乱不断，于是海患蔓延开来。从辽东到浙江、福建再至广东的漫长海岸线，都有倭寇的祸患。

残元势力和倭寇，使运河漕运直接受到威胁。成书于明万历三十三年（1605 年）的《通粮厅志》在记述这种威胁时写道：通州乃是京师的东大门，大运中、东、西三仓储存漕粮数百万石，直接关系到各路守军的供应和命运。通州东可通大沽，北面临近古北口等边塞，倭寇乘船既可以直达，而残元势力又一再侵犯，真是危险重重啊！

鉴于通州、张家湾漕运枢纽的重要地位，明朝廷认为必须严加防守，否则，通州危则京师危，通州、张家湾失守京师将坐以待毙。为了确保漕运畅通，国仓无虞，明嘉靖四十三年（1564 年）初春，顺天府尹刘畿向朝廷上呈奏折，提出了修筑张家湾城的建议。明世宗朱厚熜当即批准，并命令顺天府丞郭汝霖、通判欧阳昱负责建城事宜。建城工程于当年二月二十二日(3 月 4 日)开工，经过三个月的努力，五月（6 月）告竣。据光绪《通州志》记载：

通运桥与张家湾城墙

张家湾周长九百零五丈有余，城厚一丈一尺，高二丈一尺。城墙的内外都砌了城砖，很是坚固。东、南两面濒临潞河，以河水为天然屏障，西、北两面环城深挖城壕，壕内注水。全城设四个城门，各城门上建有歇山顶城楼，又设便门一个、水关三个，城的基本设施都具备了。建城的经费来自于三个方面：一是不法官员赎罪款项；二是京城内外士绅商民的捐助款；三是朝廷光禄寺经费结余款。建城所用的砖，取自于各官窑场的积存；所用的石料，拆取于各废弃桥梁；修建张家湾城楼、衙署、军营所用的木料，来自于京师各皇家建筑工地的剩余材料。所用的人工，来自于通州各卫所的驻军和附近富商雇佣的民夫。

张家湾建城因地制宜，依河就势，因此城池不很规整，呈瓦刀形：南北长，东西窄；西墙直，东墙拐；南墙宽，北墙窄。东墙紧靠运河，南墙靠萧太后河，西墙外南部是西码头，北部是空旷耕地，其间散布一些坟茔。开挖的护城河与萧太后河相通。北墙外开挖护城河，向东连通惠河。根据地形和码头位置，所设5个门，各门并不相对。南门位于南墙偏东，有通运桥连接河南部的巨大市场；西门开在西墙偏南位置，临近萧太后河畔码头；北门位于北墙偏东，出门后有大道可达通州城和北京城；东墙开两门，北部为正门，可通皇木厂；南部开便门，通盐场和江米厂。城东、南两面建有3处水关，用以排泄城中雨水入河。城内建有通济粮仓，并设有兵营，编制士卒500名，由一员守备管领，负责保卫漕运和城池安全。

张家湾城建成以后，在明万历三十三年（1605年）、四十年（1612年），明崇祯四年（1631年）曾经重修，在清代也有重修，但没有文字记载。到了清光绪九年（1883年）城墙已有多处残破，但城楼尚完好。1937年抗日战争爆发以后，日本侵略军占据张家湾城，拆毁城墙修建炮楼。1945年国民党军占据张家湾时拆毁了城楼。在通州历史和京杭大运河漕运史上占有重要地位的张家湾城，只剩下了断垣残壁。1992年通县人民政府拨款15万元，修复原南门东侧120米城墙。1995年张家湾城遗址被列为北京市文物保护单位。2007年通州区人民政府又出资修复了张家湾城的南门。

张家湾的村落

张家湾地区的出土文物表明，早在距今2400年前的战国时期（公元前475—前221年），就有先民在这里开荒垦殖，休养生息。里二泗村南的大型古墓群表明，两汉时期（公元前206—公元220年），这里人口逐渐增多。经过历朝历代繁衍，人口愈加稠密、村落渐次增多，逐渐发展成为今天的状况。各个村落都有它的发展史，每个村落都有着各自的历史特点。我们撷取一些典型情况，讲述其中的故事。

因水形成的村落

里二泗村

里二泗村，张家湾地区古村之一，位于张家湾镇域东部。原来的村落紧靠潞河、萧太后河、凉水河、通惠河等四条河流。村中有一座古寺，坐落在村西土台上，称李二寺。年代久远，村依寺名,称李二寺村。《元史·河渠志》中已有“李二寺至通州三十里”的记载。因为临近潞河等四条河流，在明清时代的一些史籍中，李二寺村又有“泗河涯”的称谓。元明两代，漕船经李二寺村，过张家湾入通惠河。这里曾流传“船到张家湾，舵在李二寺”的民谣。明嘉靖十四年（1535 年）重修道观，建道教玉皇阁，塑河神像，赐名佑民观。山门匾额题写的“里二泗”，三个字都从水旁。清顺治八年（1651 年）清世祖爱新觉罗·福临曾到佑民观礼佛，重修佑民观，村名也谐音称“里二泗”。

佑民观是张家湾地区最大的寺观，在漕运年代，每年正月十五至三十和五月初一开设香场庙会。届时，四周村民扶老携幼前来观赏游玩，人山人海。张家湾地区南八会、北八会所属的高跷、小车、秧歌、少林、狮子、大鼓、龙灯、十不闲、竹马、中幡等数十档花会，彩台弦唱，集中表演。庙会还有商贸活动，农具、服饰、各种小吃应有尽有。是时，道观内外人头攒动，盛况空前。里二泗村也格外热闹。

该村民间文化传统历史悠久。中华人民共和国成立后，里二

民国时期的佑民观牌楼

佑民观

泗村的高跷会、小车会曾多次到附近村庄表演，并多次参加市、区、镇组织的表演和比赛等活动。20 世纪 50 年代，曾获得北京市龙潭杯和东岳庙花会表演一等奖。2007 年组建了本市唯一一支校园少年高跷队，74 岁的齐瑞华老人担任少年高跷队的技术指导，《北京日报》《京郊日报》《通州时讯》和北京电视台、通州电视台等多家媒体先后以图文并茂的形式报道了他们的事迹。

北马头村

北马头村，位于张家湾北部，是由漕运码头形成的村落。元代，京杭大运河开通，经运河和海道而来的漕船，都要在张家湾的上、中、下三座码头卸载。其中的上码头夹河而建，分为东码头和西码头，人来车往，十分繁忙。两座码头逐渐形成聚落，分别称为东上码头村和西上码头村。清嘉庆年间（1796—1820 年）运河改道，码头功能消失，东、西两个村落逐渐连为一体，改称上码头村。为了避免与漷县镇马头村混淆，1981 年改称北马头村。

枣林庄

枣林庄，同样是张家湾地区古村之一。辽代，今张家湾镇海子洼村以南，马驹桥镇前、后银子村以东，漷县镇翟各庄村以西，西南至今大兴区凤河一线的广大地域，是水波浩渺的延芳淀。这里碧水荡波、蒲苇丛生、荷花摇曳、水鸟翔集，周边十几个村庄点缀，为一时佳景。据《辽史》记载，辽圣宗耶律隆绪、太后萧燕燕和辽道宗耶律洪基三代帝王，多次到延芳淀游猎。枣林庄、牌楼营、里二泗村坐落湖淀北部，紧靠萧太后运粮河，是辽帝王游猎必经之地。一些回族民众到这里从事生产与经商活动，逐渐形成聚落。金元两代，推行枣树种植。今枣林庄附近土质适宜枣树生长，渐成枣林，形成的村落就称为“枣林庄”。

今天的枣林庄，是通州区5个民族村之一。全村865户2427人，回族、满族、蒙古族少数民族人口占41.9%。村内建有清真寺一处。

因水运形成的村落

明永乐年间，通惠河浅涩，不能行船。为修建北京城，经运河从南方运来的各种建筑材料在张家湾附近暂存，再转运北京。于是，这里逐渐形成了皇木厂、木瓜厂、盐场、铜厂、砖厂、花板石厂等专用堆场，其中，皇木厂、木瓜厂和砖厂形成了居民聚落。因堆放皇家建筑材料而形成居民聚落，这在北京郊区亦属独特的社会现象。

皇木厂村

明永乐元年（1403 年）明成祖朱棣改北平为北京，并开始修建皇城。为此，从云南、贵州、四川、湖南、湖北、江西等地采伐大批珍贵木材，历经千山万水，运抵张家湾码头。此时，通惠河浅涩，难以将木材和其他物料直接运到北京，只能在岸边暂存，然后，经陆路运往北京。当时这里大木成山，车马成队，劳动号子响遏行云。负责保卫、管理、运输木材的官员差役长期在堆场附近居住，逐渐形成聚落，名称就叫作“皇木厂”。

皇木厂位于当时潞河西岸、通惠河东岸，厂区占地约 10 亩，四周砌围墙，并栽植槐树。木厂东侧建有官员用房，那里的官员负责木材验收和发送以及木厂护卫。木厂内曾有粗大楠木一根，作为镇厂之木。传说两个人站在楠木两侧，不能互见。今天的皇木厂古槐，传说是当年木厂官员所植。

皇木厂新村

在皇木厂南部、通惠河入潞河的河口处，当年还设有上盐场、下盐场和江米厂。明嘉靖七年（1528 年）通惠河改道和潞河疏浚以后，南来的大木可以直达通州城下，于是，在通州城北又建起一座皇木厂，而张家湾的皇木厂基本停用，成为村落。

砖厂村

与皇木厂村情况相似的还有砖厂村，以存放砖料得名。明代为修建北京城，在河南、山东、江苏等地烧制的城砖、金砖，沿运河运到张家湾中码头卸载，分别存放在南、北两个料砖厂内，然后再由陆路转运北京。北厂在张家湾城外，明嘉靖七年（1528 年）以后形成村落。而南厂和花板石厂、铁锚厂、南料砖厂都在城内，也先后成为聚落。

瓜厂村

在张家湾下码头南，运河南岸，曾有一处木瓜厂。从南方运来的供宫廷享用的木瓜在这里存放，然后再经张家湾至北京广渠门陆运北京。形成聚落以后，以厂名为村名称为“瓜厂村”。

因宗教活动形成的村落

立禅庵村

立禅庵村，在张家湾西侧，原来的位置是张家湾城西门外南侧、运河西岸客运码头泊船处。唐代这里是一片森林，在森林的旁边有一片湖泊。唐大历年间（766—779 年），有僧人在这里修建净业院，后来因年久失修而毁弃。明宣德三年（1428 年）又有僧人在原址修建净业寺,几十年后再度圮毁。明万历五年(1577年)复建寺院，称为净业禅寺，清代改称立禅庵。因这里地处客运码头,往来行旅川流不息,香火一直旺盛,逐渐形成了居民聚落,村依寺名称“立禅庵村”。清末，立禅庵香火渐衰，村名则沿用至今。

潞观村

潞观村，位于张家湾中部，北大化村附近。元末，这里是延芳淀淤废后的小水塘。苍头河西来，到这里折而东南流。有道士在此地修建露云观，寺庙坐北朝南。道士雇工垦殖无主荒地，逐渐形成小的居民聚落。清光绪年间改称潞观，作为村名沿用至今。

因迁民和屯田形成的村落

张家湾镇域内因历史上迁民与屯田形成的村落比较多，这部分村落的名称有这样的现象：迁民形成的聚落一般是三个字的村名，第一个字是姓氏，第三个字是“庄”，而第二个字分别是“各”“辛”“家”；因屯田形成的村名第一个字是姓氏，第二个字是“家”，最后一个字是“营”字。

先说“辛”字:明代初期,北京地区经过多年战乱,居民逃散,田地荒芜，北部边防守军的粮饷供应只能依靠南方。为了就地解决军粮供应，明洪武年间朝廷进行了两次迁民运动。明永乐年间又有三次迁民。从山西、河南、江苏、河北、山东等人口密集地区，迁来数万户到北京四郊垦荒屯田。当时的张家湾地区虽然北部沙荒，南部低洼，附近只有里二泗、高丽庄、梁各庄、贾各庄、何各庄等 7 座村庄，但多河富水，土质肥沃，适宜农作，并且交通便捷，靠近京城，在总体上自然条件良好。于是，部分迁民在这里先后建起了张家新庄、姚家新庄、大新庄等村落。迁民除开垦荒地、种植农产之外，还担负保卫北京的任务。此后，在漫长的岁月中约定俗成，去掉了村名中的“家”字，演化成了“张新庄”“姚新庄”“大新庄”等名称。朝廷为了统一税粮标准，在南火垡村西南，大面积垦种“样板田”，以样板田的产量作为计收税粮的标准。样板田平整如镜，分划整齐，至今还被称作“棋盘地”。样板田附近渐成聚落，村名就叫作“样田”，相沿至今。进入清代,皇族姓“爱新觉罗”,为了避讳“新”字,村名中的“新”字,改换成了“辛”字。于是,就有了今天的“张辛庄”“姚辛庄”“大辛庄”。

大高力庄也是张家湾地区古村之一，它的情况与明代迁民情况有所不同，是唐太宗李世民亲征高丽得胜后，迁徙辽、盖、岩三州 7 万民众到山海关以内屯居，将其中 14000 人，分散在幽州建村居住。当时的张家湾西部，有浑河与蓟水穿过，一马平川，适于农作垦殖，但人烟稀少。被迁徙居住的高丽人建村后，以族称作为村名，称为“高丽庄”。《元史》在记叙郭守敬主持开凿通惠河一事时，将这里的村名仍写作“高丽庄”，但在 1993 年梨园镇高楼金村出土的明成化年间（1465—1487 年）戴处士墓志铭中，已经写作“高力庄”。这或许是由于年代久远，附近村落渐多，原高丽族人与回、汉各族人民共同生活，民族特征逐渐趋同的原因所致。清代初期,实行“圈地政策”。高力庄地主讨好旗人,将所有耕地献出,并代替旗人收租,在原高力庄以北另立一村,村名仍叫“高力庄”,此后,有了“大高力庄”“小高力庄”之分。

再说“各”字:村名中带有“各”字的村庄,形成于元代以前。明初迁民建立新的聚落以后,新的居民数量远多于原有居民。新、老居民逐渐熟悉,在交往中,迁民往往称原有村落中的首户为“某家哥”,例如,梁姓在某村中是首户,迁民就称他为“梁家哥”,梁姓居住的村子也被称为“梁家哥庄”,久而久之相沿成袭,以前的村名反而没有人再提起。以后,又简称为“梁哥庄”。进入清代,皇帝之子称为“阿哥”,为了避讳“哥”字,“梁哥庄”又改成了“梁各庄”,于是就有了今天的“梁各庄”“贾各庄”“何各庄”等村名。

何各庄新貌

说说“家”字：清代初期，清政府在今河北省和北京郊区实行大规模的“跑马占圈”政策，将平民百姓的耕地和无主荒地无条件地分给清军将士。并规定“满汉分居，各理疆界”，被圈占的土地全部归旗人。自愿成为旗人家奴、为其耕种的汉人叫作“投充”，而大多数汉族百姓原有土地被剥夺，被迫租种旗人土地成为雇农。凡是旗人管理、汉人耕作的村庄，称为“整庄”；由汉族地主（当时称“庄头”）代替旗人管理土地，收取地租的村庄，称为“半庄”。通州境内因此形成的整庄有170余座，单家庄、齐家庄、唐家庄等村子，就是这种情况下形成的。一般情况是原称“某家庄”,以后陆续去掉中间的“家”字,改称“某庄”。例如，齐善庄，在清代分别称为“齐家庄”“单（读音：善）家庄”，以后分别称“齐庄”“单庄”。1946年合并以后称“齐善庄”，简称

建设中的新型城镇

"善庄"。曹雪芹家在张家湾有600亩耕地。因为数量不多，没有另建村落，也没有设庄头，而是由设在张家湾城内的曹家当铺代为管理。

最后说说"营"字：明洪武至正统年间（1368—1449年），朝廷在北京郊区曾经实行"军屯"，即军队垦荒。实行"军屯"的军队平日三分耕作，七分训练。年深日久，军营逐渐形成聚落。由此形成的聚落，往往以主官的姓氏命名，称为"某家营"。"马家营""柳家营""高家营"等村，就是这样形成的。而牌楼营村则形成于辽代。辽代皇帝到延芳淀游猎，在淀边建起行宫。宫殿前建有牌楼。行宫之南还设有将台，萧太后曾在那里演练兵马。经常往来的随行人员，引来百姓在此地定居，而高大的牌楼成为天然标志，村落由此称为"牌楼营"。

马营新村

张家湾的古桥

通运桥

张家湾南城外，古老的萧太后河水静静地向东流淌。千年的河流，见证了张家湾城的历史沧桑。与南城门相对，一座饱经沧桑的石桥横跨河上，因为石桥是建在萧太后河上，附近的居民就称它为“萧太后桥”。这座石桥始建于明代，正名是“通运桥”。

在张家湾建城以前，这里原来只有一座木桥，有了城以后，叫“南门板桥”。桥南两侧不远处，就是张家湾的两座码头。西面是客船码头，东面是规模很大的货运码头。两座码头通过萧太后河与运河相连接，而桥的北部，就是通往通州和北京的大道，这座桥的作用也就不言而喻了。这座桥上每天车水马龙，往来的行商旅客、数不清量不尽的各种货物，都要从这座桥上经过。年年岁岁，马踩车轧，木桥不堪重负，屡修屡坏，屡坏屡修，严重地影响了人们的通行。

萧太后河上的通运桥

明万历三十年（1602 年），内官监太监张华奏请将木桥改建为石桥，并呈请同时修建一座三官庙以镇护石桥，获得批准。朝廷命令建桥专家陈进儒监修。建桥工程于明万历三十一年（1603 年）正月动工，三十三年（1605 年）十月竣工。石桥建成后，明神宗朱翊钧赐名“通运桥”，同时在石桥北端东侧城垣内，建了一座三官庙。

石桥南北向，长 13 丈，宽 3 丈。桥身为三券平面，金刚墙、撞券石、雁翅全部由质地坚硬的花岗岩石块砌筑而成。桥面由长方形石灰石顺铺而就，中间微有起弧。两侧石质护栏由青砂岩雕

通运桥上的石狮

通运桥桥面

制，每侧各有18根望柱，柱头上雕须弥座，座上雕狮子。脚踩绣球的大狮子为雄性，不踩绣球的为雌性。雌狮身边各有几只小狮子戏耍，活灵活现。19块栏板每块内外都雕出海棠池，池内浮雕宝瓶荷叶，叶脉纹理清晰，雕琢技艺古朴洗练，匠心独运。

石桥北端两侧，各矗立一通汉白玉碑，碑高1.5丈，螭首方座，两碑等高同制。位于西侧的是《敕建通运桥碑记》，碑文写道：张家湾“城南门外，通运河南接西山诸水，北通蓟密等河，其水横亘，以木板构桥，车与驼载，不堪重负”，简洁介绍了修建石桥的重要性。东侧碑记是《敕建通运桥福德庙碑记》，由建极殿大学士、吏部尚书叶向高撰文，文中写道，“京师之路，西则卢沟，东则潞湾，为水陆绾毂”，高度评价了张家湾的重要地位和作用。碑文还赞扬了捐资修桥与热心公益人士的高尚品德。

通运桥下的碑记

石桥建成以后，只是在清咸丰元年（1851年），由通州人丁鹤皋捐资进行了一次修葺，至今桥体依然坚固，依然在为人们的生产生活服务着，只是桥面条石已被岁月的车轮碾轧出了道道深沟。由于通运桥的重大历史作用和科研、艺术价值，1959年通

通运桥护栏上的石狮

运桥被通州区人民政府公布为区级文物保护单位，1996 年被北京市人民政府公布为市级文物保护单位。

广利桥

张家湾镇西北的土桥村，形成于元代。那时，大运河流经村东折向东南，转折处，就是当时的中码头。明代，从河南、江苏、山东运来修建北京城的城砖、金砖都在这里卸船暂存。通惠河经村中流过，郭守敬主持修建的广利上闸就在土桥村中。从下码头陆运到北京的日用百货和粮食、木材，必须经过土桥村中的通惠河。为此，在河上建有一座木桥，因靠近广利水闸，当时被称作“广利桥”。运河水运日夜不停，广利桥上的马踏轮碾同样日夜不歇，村中经常尘土飞扬，土桥村因此得名。岁月如梭，木桥屡毁屡修，而每一次翻修都对陆路运输造成极大影响。为保证运输畅通，明代前期将木桥改建为石桥。明嘉靖四十三年（1564年），为了抢筑张家湾城，石桥上的运输更加繁忙，桥面条石被车轮碾轧得沟痕累累。清乾隆四十二年（1777年），天津绅士王启凤捐资重修了桥面和护栏。

石桥南北向，横跨通惠河故道上。单券平面，长11米，宽5米，两侧安装石质护栏。护栏和栏板上都浮雕几何纹饰，两端戗栏板圆雕成如意形，古朴简洁。撞券石、斧刃石、金刚墙和雁翅，都是由花岗岩方石砌筑，十分坚固。在东北雁翅石壁上，嵌有一块石刻，简要记载了清乾隆年间重修石桥的经过。楷书工整，笔力遒劲。在东南雁翅顶部，嵌砌着一只石雕镇水兽。镇水兽集圆雕、浮雕、线雕于一体，由艾叶青石制成，长1.5米，宽0.8米，高0.6米。

冬日里的广利桥镇水兽

镇水兽是龙的九子之一，号称饕餮，生性好饮，造桥者将它放置桥下，用来镇水护桥，造桥时镇水兽已从腰部断开。1959 年通州区人民政府将这座石桥列为区级文物保护单位。

虹　桥

虹桥，位于张家湾城东便门外，元代通惠河故道上，因在水面看桥体弯若彩虹而得名。

元代至明代前期，此桥南北均为运河北端大码头，为方便水上运输和两岸商旅陆路通行而建，为通惠河河门闸上游重要的交通孔道。桥南北向，为单孔拱桥，长 13 米，宽 4.8 米，矢高 3 米，弦长 6 米，全部为艾叶青石砌筑。清嘉庆十三年（1808 年），张家湾以东运河改道，码头废弃，虹桥成为一般桥梁。多年以后，桥栏与栏板等已不存。

虹桥

张家湾东便门外，有自北齐以来历代设立的烽火台，因此，虹桥除正名以外，也称烟墩桥。清乾隆年间绘制的《潞河督运图》中的张家湾部分，还绘有烽火台，说明清代中期虹桥边仍设有烽火台。

烽火台也称烽堠、烟墩、狼烟台，是古代一种军事通信设施，主要作用是传递军事警报。烽火台上备有柴草、硫黄、硝石等物，一旦发现敌情，白天则举烟，夜间则举火夹以火炮，沿千里防线迅速传报。烽火点燃以后，火中加放狼粪，使烟雾更浓，因此，烽火台施放的信号也称“狼烟”。烽火台星罗棋布，形成了一个严密的防御通信网络。

古代对于烽火台的设置、种类、组织、信号、程序等都有一套严密的制度。明成化二年（1466 年）规定：“今边堠举放烽炮，若见敌一二十人至百余人，举放一烽一炮，五百人二烽二炮，千人以上三烽三炮，五千人以上四烽四炮，万人以上五烽五炮。”如今，烽火台遗迹已经无存，只剩下虹桥还在追忆那曾经有过的铁马金戈、烽火连天的岁月。

东门桥

东门桥，位于张家湾城东门外元代通惠河故道上，为单券平面石桥，桥东西向，全长 16 米，宽 5.4 米，矢高 2.55 米，弦长 5.7 米。明嘉靖四十三年(1564 年)抢筑张家湾城时，修筑此桥。撞券石、桥面石、金刚墙、雁翅等均为花岗岩石块砌筑。建成后，陆路可

东门桥

运商货，桥下可行驳船。随着运河改道，东门桥逐渐废弃，成为元代通惠河和近千年漕运历史的见证。

张家湾寺观

历史上，张家湾地区经济发达、人文荟萃，宗教活动比较活跃，周边知名的庙宇寺观就有 30 多处，如西门外有圆通寺、弥陀寺、云禅寺、关帝庙，北门外有孤州寺、兴国寺、铁牛寺、观音寺，东门外有东岳庙、佑民观，南门外有火神庙、小圣庙、海藏寺、三官庙等。对于较有代表性的寺观，简介一二。

铁锚寺

在张家湾城北门外以西，原有一座五行寺。这座佛寺始建于元代，里面供奉的不是佛道神仙，而是一头铁铸的犍牛。当时，该寺俗称“铁牛寺”。

在古代，由于江河水势浩大以及工程技术水平的限制，人们难以建造永久性的桥梁。在建造浮桥时，常常铸造两只大铁牛，在河两岸相向放置，将浮桥铁索从牛鼻中穿过，用以固定浮桥。大约在唐代，陕州人民曾在黄河南岸铸造铁牛，一面治理河道，一面寄希望于神灵保佑，并建祠供奉。在北宋大中祥符四年（1011年），真宗皇帝赵恒为乞求铁牛镇住黄河，还亲自到陕州礼拜祈祷。张家湾建铁牛庙，大概也是出于人们祈求安澜的愿望。

北京至张家湾，地势高下悬殊。每逢雨季，洪水奔腾咆哮，往往冲毁护堤，淤塞河道，造成人民生命财产损失。张家湾地处四水汇流之地，洪水经常泛滥成灾。为了镇降水害，保佑安航，人们在通惠河近潞河河口处，修建了这座五行寺。过往的船夫时常礼拜，香火一直旺盛。

明成化二十年（1484 年），通州城北的燃灯佛舍利宝塔重修了一次。此后，民间就出现了一种传说，说通州是一条大船，坐落在北街的钟鼓楼是大船的船舱，燃灯宝塔是大船的桅杆，那流向张家湾的玉带河是系着大船的缆绳。而张家湾城边的铁牛寺，就是定船的大锚。只有大锚稳当，通州这只大船才能得以平安，通州的百姓才能够安居乐业。为此，很多人提议将铁牛改铸成铁锚，于是，“铁牛”变成了“铁锚”，铁牛寺也就变成了“铁锚寺”。

铁锚寺坐西朝东，一进院落，面临通惠河。山门三间，硬山筒瓦箍头脊；正殿三间，硬山筒瓦调大脊，内置一只大铁锚，长约 2 米，重约 1 吨；另有八仙过海壁画一幅。过往船只，不论官船客舫、漕艘商舟，舵手船夫无不到寺中诚心礼拜，祈祷一路平安。

佑民观

佑民观是张家湾地区最大的庙宇。位于里二泗村西北部，占地约 10 亩，坐南朝北，前临大运河，以观内供奉铜铸金花圣母神像而闻名。

佑民观为四进院落，东部还有两进跨院。主体建筑是一座

佑民观牌楼（2005年）

临河矗立的大四柱三楼木制牌楼，南面额题“赐佑民观”，北面额题“保障漕河”。牌楼集砖雕、木雕、石雕于一体，精美典雅。牌楼后面是硬山筒瓦调大脊山门三间，硬山筒瓦箍头脊关帝殿三间，与山门瓦作相同的罗汉殿五间，勾连搭二卷的金花圣母殿五间和玉皇阁五间二层，每重大殿各设耳房与配殿，中间有廊道相通，廊内苏式、旋子、和玺三种彩画与佛道故事壁画交相辉映。院中苍松翠柏，古干虬枝。后殿前的一株国槐新枝簇簇，老干三人合抱，至今已有470多年，相传是道长周长善亲手栽植，为北京市一级古树。10余通螭首龟趺碑记掩映在绿荫之下，真、行、隶、篆铭文古拙苍劲。龙钮铜钟高约2米，低沉浑厚的声音能传播数里之遥。

观中所供奉的金花与圣母是两位神祇。金花，又称金花夫人。

佑民观山门

相传广东曾有一位巡抚按察使夫人，分娩时几日不见婴儿降生，生命垂危，全家焦急万分。恍惚间巡抚夫人梦见一位神仙告诉她“请金花女到来就生出来了”。于是，巡抚派家人赶快四处寻找，很快找到了金花女。金花女来到府院不久，巡抚夫人顺利地生出来一个胖小子。全家上下欢天喜地，对金花女感激不尽。可是，金花女还是一位处女，因为这件事，就没有人再娶她了，金花女害羞投湖而死。当地的人们说金花女是妇女的保护神，于是塑像祭祀，对金花女的称呼，也变为金花小娘，后来，又改称金花夫人。

所谓圣母，是指水神天妃林默娘。传说宋朝福建莆田县有一个叫湄州的小岛，岛上的巡检官叫林愿。他的妻子梦见一位神仙给她一粒药丸，服下以后就有了身孕。生产时满室香气，生下一名女婴。可到了满月，这女婴还不会啼哭，于是，起名叫默娘。默娘 13 岁时，一位道士到林家传道，经道士指点，默娘从院中古井内得到一本天书，她昼夜苦读，逐渐领悟了书中深奥的道理，开始济世救人。她常常在惊涛骇浪的海上救生。有一次，她的父亲出海遇难，默娘寻找了三天三夜，终于把她父亲的遗体背了回来。人们都说她是孝女。默娘长到 28 岁还没有出嫁，不久，她坐在小岛的山头上去世了。人们在她死去的地方修建了一座庙，供奉她的遗体，驾船出海的人都把她尊为海神。这件事传到朝廷，宋高宗赵构封她为“灵惠昭应夫人”。到了元代，元世祖忽必烈又封她为“护国明著天妃”。明成祖朱棣再封她为“弘仁普济天后”。而清圣祖康熙皇帝再加封她为“天上圣母”。

佑民观内供奉的铜铸金花圣母神像，是金花夫人与天上圣母合一的神像，因此，佑民观又称娘娘庙。漕运年代，这里是华北道教信徒祭拜的重要场所和附近乡民求子祈福的圣地，香火一直很盛。佑民观始建年份不详。明万历十年（1582 年），漕运总督汤世隆为祈祷漕运平安重修，万历皇帝的生母李太后曾出资捐修。明崇祯八年（1635 年），仓场侍郎程注与管河御史禹好善并力再修。清顺治八年（1651 年），清世祖福临为求子，亲临佑民观拜祭，赏赐白银 500 两。又有通州人田文孝募捐 300 两，用于修缮。此后清乾隆五十一年（1786 年）、清光绪八年（1882 年）、1931 年（民国二十年）都有修缮。

金花夫人与天上圣母是诞生于南方的神，能够在北方的张家湾出现并在很长时期内产生一定影响，这件事从一个侧面说明了京杭大运河在促进南北各民族的了解、交往、融合以及文化交流方面所发挥的重要作用。

张家湾清真寺

清真寺也称礼拜寺，是信奉伊斯兰教的信众举行宗教仪式、传授宗教知识的场所。张家湾村和枣林庄村、垡头村都建有清真寺。圣城麦加在中国的西面，信徒在默拜真主安拉时，必须背东面西以表示尊敬和崇拜，所以，清真寺均坐西朝东。

张家湾清真寺位于十字街西南，明代创建，清代曾多次修葺。这座寺院一进院落，带南跨院。主体建筑礼拜殿，以勾连搭方式建成。在封建社会，等级制度森严，朝廷礼制对于民用建筑的台基高度、空间跨度、用材尺度等都有严格的限制，不容许有些许越制。由于清真寺教民众多，礼拜场所必须有较大容量。于是，聪明的工匠在不越制的情况下，想出了“勾连搭”这种建筑形式，

张家湾清真寺

张家湾清真寺院内

解决了修建清真寺的一大难题。

张家湾清真寺面阔三间，勾连搭四卷，硬山筒瓦。第一卷是敞轩，四架梁，箍头脊，卷棚顶。第二卷为过厅，井口天花，调大脊。龙子之一鸱吻性好吞噬又好居险处，所以，放置正脊两端，大张龙口衔住大脊。第三卷明间是窑殿，四角攒尖顶，绿琉璃宝瓶明显高出前脊。第四卷仍是箍头脊，小兽列队脊上，活泼可爱。两山嵌有方形、圆形窗。有南北配殿各三间作讲堂，中间有抄手廊相连。整座建筑结构严谨，错落有致，朴素典雅。

院中原有古柏四株，呈正方形排列，如今缺少东北角一棵。清光绪二十六年（1900 年）八国联军进犯北京时，张家湾义和团民英勇抵抗。义和团民在寺内古柏旁埋锅造饭，不意古柏因熏蒸枯死。在北讲堂东山墙旁，有古槐一株，胸围三抱，老树虬枝。

院内还有石缸一口，直口平沿，收腹平底，外壁浮雕仙鹤、莲花、海水江崖，技法娴熟，线条流畅。

1985 年 9 月，张家湾清真寺被列为县级文物保护单位。

枣林庄清真寺

枣林庄清真寺位于张家湾镇西南部，明代创建，清代重修。中华人民共和国建立后保护较好。清真寺东向，一进院落。主体建筑礼拜殿，面阔三间，勾连搭三卷，均为硬山脊、筒瓦顶。前卷箍头脊，前出廊，飞檐，六架梁，罗锅椽，山墙上嵌圆窗；中卷调大脊，五架梁，方山窗；后卷明间为望月楼，四角攒尖顶，绿琉璃宝顶。次间后添建，卷棚顶，五架梁，圆山窗。南北配殿各三间，进深三间，硬山合瓦元宝顶，五架梁。南北水房各三

枣林庄清真寺

间，形制如配殿。院内有古柏四株、古椿一株。1997 年全寺重修，建山门一座。

垡头清真寺

垡头村位于张家湾镇南部。垡头清真寺始建于明代，清代重修。寺院东向，一进院落。山门一间，仿木砖砌结构，硬山，筒瓦顶，调大脊改造为卷棚顶。礼拜殿面阔三间，勾连搭两卷，大式作法。前卷硬山筒瓦箍头脊，四架梁，罗锅椽，为前轩敞厅。次间四抹同棂隔扇各四扇，砖砌垂带式踏跺四级。后卷调大脊，五架梁两山各嵌直棂窗四扇，三圆一方。后卷明间外出望月楼，四角攒尖顶，绿琉璃宝顶，筒瓦飞檐。北配殿、北洗房各三间，硬山，元宝顶。配殿西次间前有古柏一株，苍翠挺拔。院内有砖井一眼，铸铁釜两口。1999 年重修，2008 年再次重修。

垡头清真寺大门

张家湾漕运遗存物鉴赏

瓷　片

1998年，在北京市修建六环路张家湾段取土修筑路基时，相继在张家湾村、大高力庄等村发现大量瓷片，古码头遗址也同时被发现。这些瓷片，涉及元、明、清三代，属景德镇窑系、浙江龙泉窑系、河南钧窑系以及河北磁州窑系烧制。品种有高足碗、三足炉、汤匙、高足杯、茶盏托、碗、盘、碟、罐、茶壶等。装饰用料有青花、甜白釉、蓝釉、绿釉、黄釉、酱釉、苏麻离青、粉彩、斗彩等。装饰纹饰有缠枝花、松竹梅、“寿”字、鸟兽、花卉、人物等等。大多为生活用瓷，其间不乏佛像、香炉等残片。品种之多，藏量之大，前所未有。张家湾出土大量瓷片的消息不胫而走，引起了北京收藏界的关注，很多人前来“淘宝”。《北京日报》还作了专题报道。皇木厂村在旧村改造中，同样出土了大量瓷片。村领导富有远见，收集品相较好的瓷片妥善保存，筹备建立专馆展示。北京第二外国语学院工作人员王世纬先生，在张家湾租住民房，采集、收购瓷片数吨之多。王先生将这些瓷片一片片清洗干净，并一一修补，努力恢复瓷器原貌。王先生虚心向专家学者请教，经过三年多的努力，编辑出版了《张家湾瓷录》一书。

王世纬编撰的《张家湾瓷录》

在难以数计的瓷片中，有两枚同样的瓷片格外引人重视。这两枚瓷片是两个碗的底部，均署“张家湾梓橦阁”字样。所谓“梓橦阁”，就是文昌阁，是主祀文昌帝君的神庙。光绪《通州志》记载：文昌阁“在张家湾东门内”。文昌帝君原为一颗星宫，受到民间的奉祀，从周朝以来，历代都相沿制订礼法，列入祀典。唐朝越嶲人张亚子，定居七曲山（今四川省梓潼县），因笃信道教，广

署有“张家湾梓橦阁”字样的瓷片

宣道教教义于四川，死后人们敬仰他的品德，就在七曲山建庙，命名为“清虚观”,并且于碑上刻上“梓潼君”,成为梓潼的地方神。唐代，玄宗、僖宗逃到四川期间，曾利用人们的这种信仰，封梓潼神为左丞相、济顺王。元仁宗延祐三年（1316 年）,加封为“辅元开化文昌司禄宏仁帝君”，简称“文昌帝君”，此后，在历代封号中出现了“文昌”二字。从此,梓潼帝君就成了文章、学问之神，是职掌文昌府的事务的神。由此，文昌帝君又称为梓潼、文昌帝、济顺王、英显王、梓潼夫子、梓潼帝君、雷应帝君，一般认为他是主管考试、命运，及助佑读书撰文之神，是读书文人、求科名者所最尊奉的神祇。由于历代帝王的大力推崇，梓潼神的地位陡长，从一个地方神而成为全国性的大神，并逐渐与文昌神合而为一。带有“张家湾梓橦阁”字样的瓷碗说明，这是一种定烧瓷，有两种可能性：一是张家湾文昌阁的主持道长借定烧瓷器的题款，在宗教活动中提高本阁的知名度，这也可以理解为一种带有经营性质的举措；也有另一种可能，那就是某一道徒、信众借定烧瓷在文昌阁还愿。总之，带有“张家湾梓橦阁”字样的瓷碗，包含了丰富的文化信息，对于研究张家湾当时的社会文化现象，具有一定价值。需要说明的还有一点：四川省梓潼县的“潼”是三点水旁,而“张家湾梓橦阁”中的“橦”,却是木字旁。木字旁的“橦”,含义是木棉树或指旗杆、桅杆，与神仙、道士毫不相干。在古代，人们的文化水平参差不齐，书写时出现个别错字、别字不足为怪。之所以两个字出现混淆，在笔者看来，或许是书写底款的师傅有一点大意，或者还有其他原因。

石　权

石权，就是石质秤砣，是古代人们称量重物的用具。在张家湾皇木厂村的东北和西南，明清两代曾经设立两座盐场，分别称作上盐场和下盐场，是朝廷向北京以及周边地区批发食盐的专营机构。在下盐场址，先后发现 3 件明代石权。其中最大的石权重约 200 公斤。石权由花岗岩雕琢而成，权体正中间微凸，呈方形，边长 47.5 厘米，中心纵刻“昌延店”3 字，字迹已经漫漶。圆钮高 10 厘米，为防止钮体断裂，钮体两端与权体连接处逐渐宽缓，线条柔和流畅。由于使用年代已久，钮孔被绳索磨出了一条浅沟。这是目前见到的最大的石权。

张家湾镇出土的最大石权

另一个石权由石灰岩雕琢而成，长方体，长 62 厘米，宽 40 厘米，厚 28 厘米。顶面凿银锭形卧钮，立面正中刻“德隆号”3 个楷体字，右上角刻“上口”2 个楷体字，其下纵刻“张家湾”3 个楷体字，字迹俱已漫漶不清。第三个石权，与第一个造型相似，体边长 37 厘米，钮高 8 厘米，权上铭文已经剥落，无法辨识。

石权的发现，是张家湾历史上经营食盐批发业务的重要物证。明清两代，朝廷对食盐实行专卖，在张家湾设立的盐场，是北方重要的食盐批发地。由运河运来的大量海盐，经盐场批发给各地

张家湾镇出土的石权

盐商。食盐体重量多，所以，称具要大、秤砣要重；食盐腐蚀性强，所以秤砣不宜用铜铁铸造，而采用石质雕琢。

20 世纪 60 年代，在张家湾镇北马头村南古运河码头处，平整土地时也曾经出土一个石权。石权由汉白玉雕制而成，堂鼓形，高 18 厘米，面径 32 厘米，腰径 38 厘米。靠近上、下沿处各浮雕一圈连珠纹，似鼓面蒙皮状。银锭形钮高 6 厘米，长 25 厘米，最宽处 17 厘米，孔径 5 厘米，钮梁两端外面凿沟痕 6 道。这枚石权同样属于大运河码头的遗物。

巨　石

1998 年修筑京沈高速路，在张家湾镇皇木厂村东南旧村址取土修筑路基时，从地下发掘出长方形、扁方形巨石 46 块。石质均为竹叶纹石灰岩，与古代山东所产红丝砚同为一种石料。其中最大的一块为长方体，长 5 米，宽 1.2 米，厚 1 米，约为 6 立方米，重达 20 吨左右。另一块为偏方体，高 0.8 米，边长 3 米，为 7.2 立方米。在出土的巨石中，有的巨石一侧，可见开凿板材

皇木厂村出土的巨型花斑石

时所凿的密集钎眼。

竹叶纹石灰岩剖面疏密无序，竹叶纹方向不定，粗细不均，红色线纹弯弯曲曲，反差鲜明，十分美观。据有关专家查证，明十三陵中的永陵（明嘉靖皇帝陵）地宫，全部由这种石料铺就。

明嘉靖七年（1528 年）以前，通州至张家湾之间几十里河道河水漫散，不能行船。修建北京城所需的物料，只能运至张家湾暂存，再陆运北京。为此，朝廷在张家湾设立皇木厂、盐场、砖厂、花板石厂，暂存物料。

据《明史》记载，在明嘉靖十六年（1537 年）至明万历二十九年（1601 年）的 64 年中，北京地区曾经发生大洪水七八次之多。通州地区的 4 条主要河流汇聚张家湾，洪水咆哮肆虐的情形可想而知。上述 46 块巨石为山东所产，经大运河运来通州，可能还没有来得及加工成石材运往北京，就被洪水裹挟的大量泥沙所淤没，直至今天，才重见天日。

古　槐

在今天的皇木厂村中，有一棵由明代管理皇木的官员栽植的古槐。600 多年来，它阅尽沧桑，见证了张家湾的繁盛与衰落，更见证了今天的兴旺与繁荣。1987 年文物普查时测量，树高 16 米，胸围达 1.5 米。今天的古槐铁干中空，新枝簇簇，生机盎然依旧。

据说在 1958 年“大跃进”运动中，曾开展“全党全民大炼钢铁”运动。没有铁矿石，就砸锅“炼钢”；没有焦炭，就砍伐树木充当炼铁的燃料。这棵古槐根深叶茂，自然是砍伐“计划”中的首选。这时，一位姓臧的老人不顾一切出面阻止，终于使这棵古槐免遭斧锯之灾。

1985 年，古槐被定为县级文物保护单位，皇木厂村委会将古槐用围栏保护起来。如今的古槐郁郁葱葱，更加茁壮。

皇木厂村的古槐

曹雪芹墓石

文学巨匠曹雪芹，以巨著《红楼梦》著称于世。“满纸荒唐言，一把辛酸泪”，以一个高度浓缩和升华的爱情悲剧和封建大家庭的兴衰荣辱，表达了对国家、民族、社会、人生深刻的反思，表达了处于封建社会晚期，作者对即将逝去时代的依恋和无尽的哀婉。然而，曹雪芹身后却留下了太多的疑问，譬如他的身世、《红楼梦》中大观园的背景究竟在哪里以及他去世的年份、埋葬地等等。

20 世纪 50 年代，周恩来总理指示，希望学术界尽可能就曹雪芹卒年取得一致意见，以便开展对这位伟大作家的纪念活动。

曹雪芹的文学巨著《红楼梦》

为此，有关报刊开展了一场前所未有的关于曹雪芹卒年的大讨论。在这场讨论中，“壬午”说与“癸未”说势均力敌，折中两派意见，纪念曹雪芹逝世 200 周年的活动，定于 1963 年 10 月举行。

1962 年和 1963 年，在王昆仑同志的主持下，在北京全市范围内开展了查找曹雪芹家坟墓的工作，但一无所获，据说旗人死后是不立碑的，事情由此就搁置了起来。然而，1992 年张家湾曹雪芹墓石的发现，再一次把关于曹雪芹卒年的讨论推向了高潮。

——事情是这样的：

张家湾城西、萧太后运粮河北畔有几百亩的一大块耕地，相传是曹雪芹家在通州的典地，当地人俗称“大扇地”。过去这里曾有廖家坟、马家坟、曹家坟等十来座坟茔。地面高低不平，排灌困难，影响农业生产。1968 年秋后，张家湾大队集中 4 个生产队男女劳动力，重点平整这块土地。

第四生产队的任务位于地块的东部。一天下午，在距萧太后河不远处，几名社员挖到地面下 1 米深时忽然发现一块条石平放着，指导员（当时，每个生产队编制一名负责政治工作的副队长，称“指导员”）李景柱去掉所黏附的湿土，条石正中纵向现出“曹公讳霑墓”5 个大字，右下角刻有“壬午”2 个小字，就随口告诉大家：这块条石是曹雪芹墓碑。众人认为曹雪芹是《红楼梦》作者，必定富有，惊喜遇着了富家坟地，便在埋石四周乱掘以寻找棺木。结果只在原条石旁挖出一具男性朽骨，别无他物，于是众人议论纷纷。有人猜测死者口内必含有宝珠，就捧住头骨在手推车把上敲打，但只是从口腔内掉出一些黑色土屑而已。众人不耐烦，将碎骨随土装入小车，推到河边丢弃。当晚收工，李景柱叫来堂兄李景泉，将条石抬上小车推回自家，冲刷干净，依次用6张8开办公纸铺在5个大字与2个小字上，用铅笔在纸上画涂，得到6张拓片珍藏起来。次年春家中盖房，李景柱将条石用作了后檐台基。

1982年4月，通县文物管理所所长周良，到张家湾公社进行文物普查。在张家湾村第四队场院，一位刘姓老人告诉他：那年在大扇地挖出一块长条石，说是曹雪芹碑，被李景柱弄到家压在房下了。周良打听到李家，见房基处有几块条石，但不能确定哪块是曹石，于是在普查专用笔记本上追记："1982年4月21日，张家湾公社张家湾村李景柱家有曹雪芹墓碑一块，压在房下。"

曹雪芹墓石

1991年春，李家翻盖新房，在移动曹石时，工匠不意将右下角碰碎，"午"字只剩下了半个。1992年4月，张家湾镇政府领导和通县文物部门工作人员向李景柱宣传《文物法》，经多次做工作，到当年7月，李景柱答应带领镇领导到他家东厢房看曹石。经测量，曹石长1米，宽40厘米，厚11厘米，无座无榫；无记、无序、无立碑人姓名；石质粗糙，表面不平，钎痕道道，是由一块旧的沉积岩所制。仔细查看，发现铭文部分笔画有新划的痕迹，原来是李景柱唯恐看不清楚，就用碎磨刀石的锐角将模糊的字迹重新划了一遍，造成破坏。镇领导和文物工作人员临走时一再嘱咐：不准再毁，不准参观，等待上交国家。15日，县文化文物局领导向镇政府主要领导汇报发现曹石情况，当谈到曹石被划时，镇领导担心发生不测，当即命人将曹石运来机关保存。曹石运到，众人大惊：李景柱竟然用牙刷蘸洗衣粉水将条石狠刷了一遍，又一次造成了破坏！

发现曹石之事很快报到北京市文物局。市文物局当即与县政府商定，邀请文物、考古、红学等各界专家，于8月1日在张家湾召开鉴定暨新闻发布会。届时，红学会会长冯其庸，红学专家周汝昌、胡文斌、顾平旦，文物考古专家于杰、赵其昌、赵迅、苏天钧、秦公、章津才等应邀与会。会上，首先听取张家湾镇领导王士杰、曹石发现者李景柱介绍曹石出土地点、地下环境及出

曹雪芹墓石鉴定暨新闻发布会（1992年）

土情况，然后查看墙壁上所贴曹石拓片和地上所放曹石。肯定者占少数，否定者占多数，不少人静听无语。会议自上午 9 时直至下午 1 时，争论不休，未有定论，于是宣布休会。

张家湾会后，市文物局又专请文物、考古专家开会讨论研究曹石，仍然存在分歧意见，但一致决定“曹公讳霑墓”条石应称为“曹雪芹墓葬刻石”，意在指出其不是“墓碑”，不应该用“大清传统碑制”去评判。此后，上海《解放日报》《新民晚报》，中国香港《明报》，美国《纽约时报》等 14 种中外报纸均登载了曹石要闻与评论文章，《北京日报》开辟“曹雪芹墓石争鸣”专栏，发表不同观点。

8 月 12 日，通县文化文物局工作人员将李景柱 1968 年铅笔拓片送到北京荣宝斋，请专家鉴定拓片用纸的制造时间，不能确定。继而将拓片送到北京市公安局技术处鉴定，仍不能确定。14 日，拓纸送到沈阳国家轻工业部制造工业科学研究所，经过化验，21 日发回检验报告，指出：“可以肯定，六十年代有这种纸的生产和销售。”随后，县文化文物局又在张家湾召

冯其庸先生在曹石鉴定会上(1992年)

开几次座谈会，由知情人——当年的村党支部书记凤志安、鉴别尸骨为男性的农民韩士宽二人写出见证材料。其实，发现曹石时，还有数十人眼见曹石出土，均可为证。

8 月 26 日，市文物局再次邀请全国文物鉴定委员会副主任、文物专家史树青与全国文物鉴定委员会、故宫博物院金石专家傅大卣老先生前往张家湾鉴定曹石。观后傅先生认为，“碑是真的，没问题”，“正是有划痕，才更清楚地看出字口是旧的”，“至于合不合碑刻的规矩，不是问题，说明这碑不是名人给立的”，“石刻真假，不在于它的大小好坏”。史树青先生一针见血地指出，“研究石刻，不要绝对化”，“这是埋葬时临时找块石头，急救而成，草草而埋”，“这是一个墓志类的葬石，或者叫葬志,此类葬志历史上存在不少”。其深感曹石发现之重要性，情不自禁命笔挥毫，赋有四首绝句，其一：

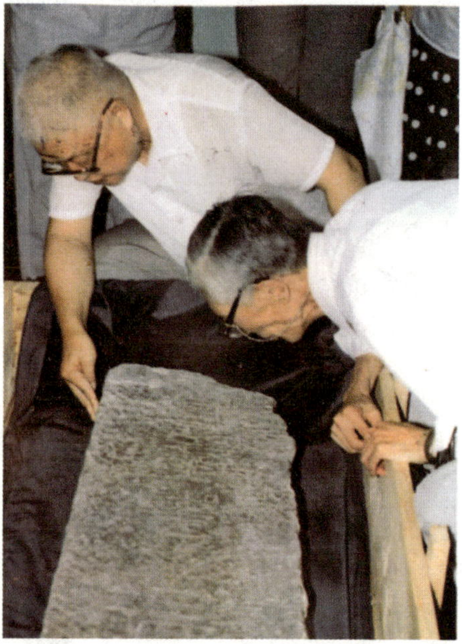

史树青、傅大卣老先生鉴定曹石(1992年)

石头显世见芹溪，字字斑斓望欲迷。
读罢懋斋怀旧句，河干葬志不容疑。

31日，冯其庸先生第三次来到张家湾。对于曹雪芹卒年，他曾持“癸未”说，自见到曹石上所刻“壬午”二字以后，联系许多相关史料，转变旧说，认为曹雪芹确是在壬午年葬在张家湾无疑。此次来他说：“不怕大家挑剔，我们有胆量！”9月24日，市文物局在《关于同意展出曹雪芹墓葬刻石的批复》中指出：“尽管学术界对刻石的年代仍有分歧，但多数专家意见，认为刻石是旧的，对红学研究具有重要价值，对社会展出也有一定意义。”25日，中国社会科学院文学研究所红学家刘世德、石昌渝、邓绍基、陈毓罴、王利器等，先后到张家湾镇查看曹石，都认为曹石是珍贵文物，曹石的发现是红学界一件大事。

10月18日，’92中国国际《红楼梦》学术研讨会在江苏省扬州市隆重召开。会议主旨是研讨《红楼梦》与中国文化。与会学者有美国、澳大利亚、法国、日本、韩国和中国台湾、香港的红学家，以及我国各省市红学家120余人，其中来自北京的4位代表——研究员刘世德、邓绍基、陈毓罴和教授王利器提交论文均为论证曹石，引起强烈震动，许多代表要求他们介绍曹石。于是，大会组委会将曹石列为专题进行讨论，意见基本肯定，曹石置信无疑，个别学者提出应再找出佐证材料更好。

至今而止，关于曹石真伪之争尚未结束，争论双方观点鲜明。肯定者认为：1. 曹石是出土文物，没有死者是张三而石刻李四之理。2. 曹雪芹卒年有明确记载,200 年前《红楼梦》甲戌本脂批载:“能解者方有辛酸之泪，哭成此书。壬午除夕，书未成，芹为泪尽而逝……”而曹石为 200 年前所埋之物,其右下角明白刻有“壬午”二字，与脂批所载年代完全一致，可互相印证。3. 曹石平埋地下，不是立于墓前神道之碑，因而无首无座，只起标记作用，表明所葬人物与时间，因而不能与传统“碑制”同等看待，不应该用传统碑制去评判；再者，曹雪芹洪才河泻，逸藻云翔，叛道不羁，与其相交者也非礼法、道学、名教等庸俗之辈，于是能够刻出这既表尊重又标主旨的墓石。4. 曹石如此粗率，还应当将它放在特定的历史环境中去考察,分析它何以如此。曹雪芹生前“举家食粥酒常赊”，“老而落魄，无衣食，寄食亲友家，每晚挑灯作此书，苦无纸，以日历纸背写书……”潦倒窘迫；几位穷友，无资相济，曹公病重，也无力救治。又，曹公逝于大年除夕，时间紧迫，裹尸而葬，找块台基石匆忙以志，完全合乎当时情景。无钱购买优质石料，没有时间打磨细刻按规矩办理，故此才有曹石这样的形状。如若石好刻精，反而不切当时环境。5. 敦诚《挽曹雪芹》诗有“鹿车荷锸葬刘伶”句，引用汉晋时典故，悲叹曹公续妻随运尸小车送葬掩埋之事，与曹石出土时无棺无随葬器物情况正相吻合。6. 敦诚挽诗中又有“他时瘦马西州路”句，借用东晋羊昙悲其舅病逝而不走西州路事，指曹公埋在京东，与曹石出土于北京之东张家湾也相吻合。7. 曹石用料是一块旧有沉积岩台基条石,这种石料在张家湾城内外举目可见。颜色灰白,质地坚脆,组织结构无规则，石线紊乱。刻大字易于崩炸字口，若操之过急，崩炸会更加严重。曹石埋在地下200余年，又在房下砌用20余年，字迹虽浅，但字口尚坚，宁崩不蚀，故出现字口不齐现象，这是石质特点与急就所致。8.“曹公讳霑墓”5字，应是他的朋友所为。曹雪芹幼子先其夭折，不可能为其治丧。朋友所刻“公”字、“讳”字，表示对曹公尊重之意，用法准确，正是明清时代书信来往或记人笔记常用做法。

对曹石否定者认为：1.曹石书刻无度，碑下无榫，石料未打磨，没书丹，刀法乱，很草率。2.曹家祖坟在东郊，但没有记载在张家湾。尤其可疑者是清代没有碑上所刻之简体字“讳”。3.有位文物专家说，1963年他在朝阳区杨闸发掘全市最大曹家坟时，并没听说张家湾有曹氏祖坟，还认为曹石字体不伦不类，形式也不符合传统碑制。4.“公”字之称谓不对，只刻“壬午”，不刻朝代太特殊，并且字刻不深，还有后补，碑外没有一点借鉴之物，旁边尸体是否为曹雪芹难以确定。5.曹石制造粗糙草率，表面不平，无记无序无立碑人姓名，字迹不成形无法断代，是作伪者良苦用心所致。

曹家坟遗址

古镇烽火

张家湾与通州是京师门户，战略地位重要，为兵家必争之地。历史上，在朝代更替以及外敌入侵之际，经常成为入侵者染指北京的通道，并因此数次被践踏蹂躏。

张家湾历史遗际一瞥

后金兵劫掠张家湾

明崇祯二年（1629 年），阿巴泰率后金兵劫掠通州，攻陷张家湾和漷县城，烧杀掳掠，给当地黎民百姓和漕运官兵的生命财产造成了极大的损失。《通粮厅志》记载当时的惨状：崇祯二年初冬，后金兵直抵通州城并且接近都城！张家湾、漷县同时被洗劫。戎马蹂躏、戈戟交加，千艘漕船被焚毁，漕粮被烧成灰烬。陆路运输的漕粮物资被抢掠不计其数，运夫大部分死于刀锋之下。明崇祯十三年（1640 年）冬，后金兵再次劫掠张家湾。

英法联军洗劫张家湾

19 世纪中叶，伴随着西方资本主义国家经济的迅速发展，其对外侵略扩张日益加剧。清咸丰十年（1860 年）八月，英军 8000 人、法军 7000 人、军舰 200 艘组成联军，自北塘登陆，向天津、大沽进攻，并扬言要北上，兵锋直逼北京。清政府派大学士瑞麟等统带京旗兵 9000 人到通州封堵。大沽、天津失陷后，僧格林沁率清军马队 7000 人、步兵万余人退守通州。

僧格林沁的督师行营设在通州与张家湾之间的郭家坟，其率领的马步队17000人驻扎张家湾至八里桥一线，扼守通向通州及京师的大道，其中张家湾驻马步队1000人，副督统格绷额统带大队3000人驻张家湾东面和南面，准备正面迎击来犯之敌。在张家湾西南的马驹桥和马驹桥东南的采育，分驻马队2000人，以防联军从马头直接西进，绕道进京。直隶提督成保率4000人防守通州，礼部尚书瑞麟率京营8000人、副督统伊勒东阿带马步队4000人守八里桥，光禄寺卿胜保率京营5000人驻守定福庄，以备增援。

通州、张家湾一带气氛十分紧张。中国军民激励士气，同仇敌忾，在张家湾以南通衢大道挑沟挖堑，构筑土垒，清军官兵与民团厉兵秣马，准备痛歼入侵之敌。

8月18日，通州谈判彻底破裂后，英法联军先头部队4000人，向张家湾清军阵地疯狂进犯。清军绿营兵奋起迎击，激战4小时，杀伤大量敌兵。酣战之际，僧格林沁令绿营兵后撤休息，以所部骑兵接替作战。骑兵攻势如潮，终因敌军获得喘息准备充分，火力太强无法靠近。纵马返回时又冲散撤退的步兵，防线大乱。英法联军乘机猛攻，张家湾城失守，全镇被烧抢一空。清军退守八里桥。

英法联军占领张家湾以后，与此前占领河西务、黄庄等村镇一样，奸淫抢掠，无恶不作。张家湾周围妇女闻警自尽者达2000余人，凡潜藏在礼拜寺中的，被英军尽数掳去。侵略者所到之处，尸横遍野，狗鸦争食，惨不忍睹。法军保尔·瓦兰在《征华录》中记述道："他们（指英军）不管什么东西都不交给我们，面对这样一种态度，犹豫是没有用的，于是下令破门而入，也就开始进行抢劫……英国人一直占领着小镇张家湾，根据他们往常尽可能捞的习惯，这一次也把这个小镇洗劫一空……（英国人）捞到一笔外快……大量的茶叶，（于是）指挥一批苦工搬运。"一位法国海军大尉在《1860年征华记》中说："离张家湾二里地的运河旁，很多躺在高粱地里、树枝堆里横七竖八的尸体，经过三天的曝晒，被野狗、乌鸦、猪糟蹋，不忍目睹。"

随后，英法联军越过通州城侵入北京，大肆烧杀抢掠并放火烧毁了"万园之园"圆明园。

八国联军洗劫张家湾

第二次鸦片战争以后，没落的清政府日益腐败，中国面临着被列强瓜分的危险。清光绪二十六年（1900年）初义和团运动风起云涌，中国人民开始了自发的反抗外国侵略者的爱国运动。清光绪二十六年（1900年）六月十日，帝国主义列强借口"保护"使馆，纠集2000人在大沽登陆，向北京进发。沿途遇到义和团民和清军董福祥部的抵抗，损失300人，狼狈逃回天津租界。但列强并不甘心失败。

紧接着，由英、美、德、意、法、俄、日、奥八国组成的侵略联军，再次在大沽登陆，经过20多天的激战，7月14日，天津被联军攻陷。8月4日，联军2万余人由天津北上进犯北京。

8 月 6 日，杨村失守。清政府命帮办武卫军务大臣李秉衡带领 1 万清军，并节制陈泽林、张春发、万本华、夏辛酉四军抵御外敌。7 日，李秉衡所部进抵马头，夏辛酉所部在前线接敌即溃。9 日，李军到达河西务之际，张春发、万本华部也从前线溃退下来。李秉衡统带所部退至马头，原想整顿队伍，但见败兵如潮，军心涣散，无奈退守张家湾。

联军进逼张家湾，慈禧太后突然任命李鸿章为议和全权代表，向侵略者乞降，同时命令前线将领与侵略军停战议和。此举大涨了敌寇的气焰，同时使军心涣散的清军更加无法收拾局面。面对这种形势，李秉衡痛心疾首。当联军炮火轰击张家湾城时，李秉衡佩刀立于城头指挥迎敌。不久，其他将领相继率残兵逃遁，导致全军溃败。李秉衡慨叹救国无望，奋笔疾书，向朝廷报告前线的情形，怒斥临阵脱逃的将领。他在奏折中写道："就连日目击情形，军队数万，充塞道途，闻者溃，实无一战。所过村镇则劫掠一空，以致臣军采食无物，人马饥困。臣自少至老，实所未闻。兵将如此，岂旦夕之故哉！" 8 月 11 日，当联军逼近张家湾城时，李秉衡身边只剩几个幕僚，眼见御敌无望，吞金自尽。张家湾城随即被英法联军占领，城内和附近乡村遭到联军士兵的疯狂烧掠，城内商铺被抢被烧比比皆是，居民死伤无数。

随后进行的八里桥之战，清军没能阻止八国联军的进犯，北京被敌占领，清政府被迫与列强签订丧权辱国的《辛丑条约》。

日寇蹂躏践踏张家湾

从1935年殷汝耕引狼入室算起，到1945年抗日战争胜利，日本侵略者对通州地区、对张家湾地区践踏蹂躏长达11年之久。在此期间，通州和张家湾人民遭受了地狱般的非人待遇。

日本侵略者侵占张家湾地区以后，首先拆毁了已有300多年历史的张家湾城，修筑炮楼。由于害怕受到八路军、游击队的袭击，同时也为了扩大棉花种植面积，以增加制造火药、军服的原料，强令沿主要道路两旁50米至100米以内，不准种植高秆农作物，强迫农民种植棉花。植棉范围扩大到张家湾、上马头一带。日伪政权还在乔庄村强占300亩耕地，建立植棉实验农场，推广“金”字棉、“斯”字棉品种，以期迅速扩大植棉面积，提高产量，为侵略战争服务。

1941年春，通县日伪政权发出布告，强迫农民种植鸦片（罂粟花），规定各乡要以百分之十的耕地面积种植，并预先按照每亩8元的标准收缴捐税。张家湾乡也不例外。通州地区历来没有种植鸦片的习惯，并且，在平民百姓看来种植鸦片伤天害理，各乡农民消极抵制。只有近城各乡种植了几十亩，又由于旱魃为虐，所植罂粟点滴未收，就这样，强迫农民种植鸦片的事不了了之。

1941年秋，驻通县日本侵略军大队长大冢宏下令强征粮食和其他战略物资。于是，日军、伪军、新民会、经济班、合作社以及保甲长一齐出动，向平民百姓逼索粮食。在粮食市场，凡购买一石以上者，必须得到日伪经济班的允许，购买数量较多的，就会被怀疑是资助“八路”而受到盘查或盯梢。在农村，日伪人员挨门逐户逼迫百姓交出粮食，甚至翻箱倒柜，发现粮食就以“你想接济八路吗”为由进行恫吓，把粮食抢走。由此造成通县地区粮食奇缺，物价飞涨，民不聊生。在此期间，日本侵略者向居民配售“混合面”。“混合面”由麸皮、玉米皮、玉米骨、豆饼、花生饼、豆渣、红薯干、黑豆和囤底发霉的粮食混合磨制，色灰红、味苦辣，含土很多，难以下咽。吃了“混合面”以后，大便干燥，很多人因此致病死亡。

1942 年 9 月 18 日，日伪通县政权财政拮据。为筹措军饷，伪政权下令冻结通州城内和包括张家湾在内的 6 个集镇粮商存粮 23000 石，以此作为伪军政人员的粮饷。在冻结粮食时宣称每石将给付 100 元，但当时市价每石玉米已经上涨到 160 元。尽管如此，据当时的伪财政科长杨竹轩在 1951 年向人民政府交代，粮“价款分文未付”。粮商无法承受如此巨大损失，粮店纷纷倒闭，一些店主自杀。

日伪政权还多次在城镇乡村进行所谓“献金”“献铁”“献铜”等活动，其中以“献铜”最为典型。日伪军政人员、乡长、保长、甲长逐户搜罗百姓的铜茶盘、铜锁、铜茶壶、铜脸盆、铜墨盒以至居民箱柜上的铜饰件等等，即便一把铜羹匙也不放过，可谓“竭泽而渔”。日伪当局对于布匹、纸张、煤炭、汽油、煤油、火柴、西药、电池、食糖、食盐等物资严密控制，大多数日用品被冠以“军用品”的名义，限制平民百姓使用。一户居民每年只配给半盒火柴，约十几根。居民日常生活只能借助于火镰、吹火纸，十分不便。

1942 年春，日本侵略者为了挽回即将覆灭的命运，继续扩张军事侵略，强占张家湾地区大辛庄、枣林庄、垡头、牌楼营、瓜厂等村耕地 2000 多亩，修建飞机场。为此，强迫昌平、顺义、通县等 6 县农民 3000 多人自带行李、干粮，在刺刀与皮鞭的逼迫下，到飞机场做苦工。为了就地解决建筑材料，侵略者逼迫劳工挖掘附近良田 200 多亩，修建砖窑烧砖。大辛庄的秦禄已经 70 多岁，被迫与十来岁的杨庆春共抬一筐土，一老一少蹒跚于工地。施园村村民穆国琛因吃了工地发给的半生不熟的窝头腹泻，日伪人员认为他消极怠工，竟然放出狼狗撕咬，穆国琛翻滚挣扎、凄厉呼号，日伪人员不但不准劳工前去救护，还在一旁狂笑不止。1945 年 6 月 20 日，由于日伪人员强迫作业，造成“飞机窝”倒塌，当场砸死劳工 46 人。场面惨不忍睹。此事在劳工中引起强烈反响，劳工们纷纷罢工、怠工、开小差，以图离开飞机场躲避灾难。几天以后，日酋船桥到伪通县政府咆哮恫吓，逼迫伪县长徐葆莹抓劳工。当天深夜，伪警察到三间房、张家湾、牌楼营、瓜厂等村

日本侵略军的飞机窝（2016年）

日本侵略军的飞机窝（2003年）

抓人，及至拂晓，抓了 30 多人送到飞机场。附近村民惊恐万状，以致 10 余天中路无行人，田无耕作。

在日伪人员的逼迫下，劳工们付出了鲜血与生命的代价，飞机跑道、飞机窝、仓库、军妓馆等设施渐次建成。飞机场以北以东建平房数百栋，四周建有高耸的岗亭。所建 10 余座飞机窝分散在三间房村东、大辛庄村南村北，将作战飞机隐藏其中。另用芦席缝制假飞机，涂上日本飞机的颜色，用以迷惑中国飞机的侦察。飞机场与附属建筑四周架设了铁蒺藜并设有电网，日军在飞机场周围昼夜巡逻，特务汉奸横行乡里，附近村庄风声鹤唳、鸡犬不宁，时刻都可能有灾难发生。

日本军用飞机时常以附近村民房屋或田间耕作的农民作为假设敌，进行军事演习，或低空盘旋，或俯冲恐吓，百姓在惊惧中度日如年。

1945 年 8 月 15 日，日本帝国主义无条件投降，飞机场四周的村民无不欢欣鼓舞，而日军龟缩在机场内，已经没有了往日的猖狂。由于飞机场供给已经断绝，有的日军士兵到附近村庄找儿童用军毯、皮鞋、衣物等交换食品，而成年的村民往往横眉以对。9 月，驻飞机场的日本侵略军销毁武器后逃遁，愤怒的村民拥进机场，捣毁军事设施，吐出了心中多年郁积的一口恶气。

辛亥革命通州起义司令部

义和团运动失败以后，帝国主义列强利用在中国攫取的种种特权，变本加厉地进行经济、文化侵略。在通州，帝国主义侵略势力采取“和平”的方式，建教堂、建学校、建医院，推行奴化思想，为巩固帝国主义在中国的反动统治培养思想舆论基础和代理人。在市场上，洋货充斥，中国的民族工商业受到前所未有的摧残，工厂、商店纷纷倒闭，失业者剧增，一些城市贫民流离失所。在农村，土地兼并加剧，地租增加，农民进一步赤贫化。民族矛盾、阶级矛盾、社会矛盾日益突出。清政府的腐败无能和帝国主义的弱肉强食政策，激起了中国人民更为强烈的反抗，一场新的社会革命正在悄然到来。

资产阶级民主革命思想，首先在知识界传播开来。通州协和书院（今潞河中学的前身）是美国公理会、长老会与英国伦敦会合办的教会学校。学生大部分来自全国各地，各种思想在这里激荡。民主革命思想家章太炎、邹容的思想理论在学生中传播广泛，逐渐成为主流。书院毕业生费起鹤、孔祥熙在美国留学时加入了同盟会，回国后在武昌军政府和南京临时政府任职。他们经常以书信或邮寄书报等方式宣传革命思想。学生中有的倾向于君主立宪，有的倾向于革命，为此常常在课堂或讲演会上展开争论。

1911 年，南方革命党派遣武昌起义元勋蔡济民的胞弟——蔡德辰来书院，秘密从事革命工作。蔡德辰在师生中积极宣传革命思想，更多的师生倾向革命，经他介绍，很多人与北京同盟会机关取得了联系，逐渐形成了开展革命活动和建立革命组织的思想基础。

社会上首先与蔡德辰接触的，是通州绅士王治增。王治增是张家湾人，回族。原来也曾行走于官场，因为痛恨清政府的腐败，愤然辞职举办新学，并参加了在宁河、丰润一带秘密活动的振武社。与蔡德辰相识后，王治增进一步增强了反清灭洋、振兴中华的革命意志，与同盟会员丁东弟组织了铁血会，积极发展会员。革命组织发展十分顺利，仅一两个月，就发展到 1000 多人。在三河县以李士贵为首，蓟县以王慎修为首，香河县以王凤山为首，北京、张家口、昌黎等地都建立了组织，其中仅通州一地就有 300 多人。王治增的三个儿子丕显、丕谟、丕丞，女儿和堂侄都参加了组织。遍地“干柴”，只待火种即可燎原。

当时驻扎通州的武卫左军即毅军共有 11 营，分驻南关、西仓等地，营地与位于南门外的协和书院很近，官兵与学生之间常有体育、文化交流。蔡德辰利用这个渠道，把革命宣传工作做到了军营之中，甚至毅军统领姜桂题的侄子、外甥都表示同情革命，赞成推翻腐朽的清政府。

1911 年 10 月 10 日，武昌起义爆发，全国各地一致响应，革命形势如排山倒海。在天津北方革命协会的指导下，1911 年 12 月 2 日通州革命司令部成立，蔡德辰任总司令，王丕丞等 5

人为指挥，司令部设在张家湾花园胡同王治增家。北方革命协会随即发来一批枪支弹药，准备响应北伐组织暴动。

北方革命协会会长胡鄂公多次提出发动京、津、保、石、滦、通起义，但都被为袁世凯所收买、时任北方同盟会支部长的汪精卫阻挠破坏。12月25日，胡鄂公在王治增家召集代表会议，议定等武昌汇款来到，通州即与京、津、保、滦的革命军同时举行起义。此后，由于情况变化，通州起义时间改为1912年1月12日（农历1911年十一月二十四日）夜9时。当时的计划是由蔡德辰、王丕丞等分别率领驻通州西仓、南关、北关、大操场等毅军和300人的敢死队占领通州，然后向北京发起进攻，以期与北京城内和其他地区的革命军一起占领北京。万一有失，则退守蓟县盘山，以为北伐军声援。由于汇款迟迟未到，起义日期又被迫后延至1月15日。

14日，汪精卫的心腹干将于临江，突然来到张家湾王治增家，称，“奉同盟会京、津、保支部汪部长之命，前来调查革命机关”，并传达汪精卫的命令说“在停战议和期间，不得妄动”。蔡德辰据理力争，各不相让，于临江面带愠色而去。

15日凌晨，于临江与毅军十二营管带马松图率马队200余人，突然包围张家湾，突袭通州革命军起义司令部。放哨的王斌被击昏厥，蔡德辰、王治增、王丕丞、杨兆林、雷茂林、张文炳被捕，并搜去文件、信函、花名册等，王家什物也被劫掠一空。受审之时，蔡德辰、王治增等慨然自若，毫无掩饰之语。17日，被捕的6人就义于通州东门外。王斌苏醒后，立即组织同志准备施救，当得知6人已慷慨就义后，于2月1日主动前去自首，第二天英勇就义。

蔡德辰，湖北蕲春人，牺牲时年仅19岁。蔡德辰到通州以后，积极宣传革命，组织革命力量，点燃了通州的辛亥革命之火。临刑时他对在场的群众说："我为同胞自由幸福而死，诸君如以为我死得其所，请为我叫一声好。"群众叫好声震天动地。蔡德辰就义后，遗体运回原籍安葬。协和书院师生在校内祭奠后，恭送至火车站，并在校内为他建立了"衣冠冢"，墓前立碑，上书"蔡德辰烈士之墓"。他的遗像悬挂于该校图书馆内，永远纪念。

王治增，牺牲时56岁。临刑时大义凛然，从容对民众说："清运既终，天命不再，吾事虽败，将必有继吾起而成厥功者，则吾死犹生，可无恨也！"闻者无不动容。

王丕丞，字叔平。自随父从事革命事业以来，奔走于天津、滦州、保定之间，负责联络各地革命志士。经过努力，在昌黎得到宿儒程学海的支持，许诺组织1000人响应起义。就义时毫无惧色，引吭高歌，年仅20岁。

杨兆林，字敬一。今朝阳区杨闸村人，王治增内侄。在司令部负责文书招待事宜，办事谨慎细致，深得丁东弟赏识。就义时年仅21岁。

雷茂林，字竹村，安徽亳州人，在毅军任军医官。重义气，深受士兵爱戴。在起义司令部参与调度，筹划周详。就义时年仅25岁。

张文炳，字雅堂。原籍浙江，寄居北京。与王治增同为铁血会成员，胆识过人，多谋略。在司令部担任枪械运输工作。就义时年仅 25 岁。

王斌，字子嘉，通州东关人。为人干练、性豪迈。参加铁血会以后，常自备费用，奔走于通州、三河、香河、蓟县等地，动员上千人参加革命。在司令部任四县总指挥。慨然就义，常令英雄扼腕。

七烈士就义后，起义文件、花名册等均被县知事黄屿焚毁，没有株连其他。

通州起义失败后，孙中山总统指示民国政府予以抚恤。在北京的革命党人发动了在东华门大街刺杀袁世凯的行动。1 月 27 日，在通州的革命者成立了新的革命军司令部，以吴若龙为司令，开始策划新的斗争，宣布 :“誓必讨袁，不使专制流毒永留于中国。”但后来事态的发展出乎意料，孙中山宣布辞职，袁世凯窃取了临时大总统之职。于是，北方革命协会宣布革命组织解散。

通州的革命虽然被反动派绞杀了，但革命先烈的鲜血没有白流，它与全国各地的革命行动汇成的洪流，冲垮了几千年的封建专制统治，树起“民主共和”的大旗。这是通州人民在义和团运动以后，对民主革命所做出的又一贡献。

八路军智取日伪据点

1944 年，抗日战争进入战略反攻阶段，人民战争的烈火已经燎原，日本帝国主义覆灭的日子为期不远了。在中国共产党的领导下，抗日武装不断发展，平西、平北、冀东解放区更加巩固，抗日游击区推进到伪满统治的东北地区。

在国内外大好形势的鼓舞下，中共三（河）通（县）香（河）抗日民主联合县军民，向日本侵略者发动了攻势。当时三通香支队已经发展到 600 多人，各村普遍建立民兵、抗联会、青妇会、妇救会、儿童团组织。1944 年底，中共冀热辽区第十四地委成立北平工作队，三通香县委成立平郊武装工作队，两支抗日武装协同作战，将抗日游击区推进到了日伪的统治中心——北平城下。

1945 年初，三通香支队在三区区小队的配合下，先后攻克了甘露寺、王家摆敌据点，消灭伪军 100 余名，缴获武器弹药一批。驻马驹桥的伪军向抗日军民投降，马驹桥宣告解放。北平东南郊的胜利消息传到北平城内，极大地鼓舞了沦陷区人民群众，也使得日伪军政人员惊恐万状。7 月，三通香支队在堤上村集结。第二天，装扮成日本部队奔向小红门，沿途经过几个敌据点都没有引起敌人的怀疑。在小红门据点，没费一枪一弹，只用了十多分钟，战斗即告结束。三通香支队另一部奇袭南苑敌军马场的战斗进行得同样顺利，两战共生俘伪军官兵 108 人，缴获步枪 98 支、手枪 4 支、子弹万余发、军马 10 匹。三通香支队无一伤亡。八路军奇袭小红门据点的胜利，给北平敌伪人员以强烈的震动。

队伍返回途中，支队长李梅溪命令侦察班立即对张家湾守敌情况进行侦察，要求在当天午夜以前完成任务。

张家湾距通州城 10 多里，南临日军飞机场，又紧靠京津公路，一旦战斗打响，较利于敌人增援。马驹桥、小红门被攻克以后，敌人如惊弓之鸟，警觉性比以前有了提高，为此，有的同志有所担心。李梅溪说："对于我们打的胜仗，敌人向来是对部下封锁消息的。打小红门的消息，一时不会传到张家湾。当然危险性是有的，战争本身就是一种冒险。越是危险的地方，敌人就越是预料不到。如果我们攻克了张家湾，就会把通州的敌人震得发抖。"指战员意见统一了，一个个摩拳擦掌争取立功。侦察员及时报告了张家湾守敌情况，一个完整的战斗方案很快制定出来，李梅溪决定仍然采取化装成日本兵的办法袭击敌人。

在通往张家湾的大道上，一队"日本兵"神气活现地行进着。身着便衣的吴玉亭连长走在最前面，十几匹大洋马走在队伍中间，李梅溪穿着中佐军衔的日军军装，装扮成中队长，武工队长李省民扮成翻译官紧随其后。长长的队伍从飞机场旁路过，没有一个敌人对此产生怀疑。队伍来到张家湾西门哨所，吴连长向站岗的伪军士兵喊话："站岗的弟兄们，我们是通州联队的。现在皇军又累又渴，请放下吊桥让我们进去休息休息。"吊桥放下后，几个战士迅速控制了敌哨兵，部队飞速扑进敌据点，按照计划分别向炮楼、敌宿舍冲去。当先头班的战士冲上炮楼顶时，敌望哨正坐在板凳上抱着枪打瞌睡，稀里糊涂地就当了俘虏。宿舍里的伪军官兵正在睡午觉，一个个被“缴枪不杀”的喊声惊醒，睡眼中有的喊道:“都是自己人,不要……”等清醒过来一看,全都傻了眼。他们做梦也没有想到，八路军的枪口会一下子指到了他们的脑门上。一个个乖乖地做了俘虏。在清点俘虏时,唯独不见伪军中队长，原来伪中队长到伪镇长家喝酒去了。在敌传令兵的引领下，支队战士在伪镇长家抓住了伪中队长。

一弹未发，战斗结束。伪军一个中队 70 余人无一漏网。打扫战场完毕，部队撤离张家湾。吴连长提议把敌人的炮楼烧毁，被李梅溪队长笑着制止了：“给敌人一个闷葫芦，让他们胡乱猜去吧！”

击落国民党军 RB-57D 飞机

中华人民共和国成立后，盘踞在台湾的国民党军经常派飞机到大陆骚扰。1959 年初，开始用美国制造的 RB-57D 型高空侦察机，对大陆纵深目标频繁地实施战略侦察。人民解放军空军先后起飞歼 -5、米格 -19 歼击机 200 多架次试图拦截。但终因飞行高度不够，无法进行攻击。RB-57D 飞机愈加猖狂，1959 年 6 月，甚至飞临北京地区上空。1959 年 9 月初，刚刚组建不过 10 个月的人民解放军空军地空导弹部队第二营，奉命进驻张家湾阵地，担负起了保卫北京地区领空的作战任务。

10 月 7 日，人民解放军前沿警戒雷达发现一架 RB-57D 飞机从台湾桃园机场起飞。10 时 03 分，敌机从浙江温岭上空进入大陆，飞行高度 1.9 万米，时速 750 公里。沿津浦路继续北窜，到达天津地区后转弯直向北京方向飞来。在此期间，人民解放军空军歼击机部队先后起飞 10 批 13 架次进行拦阻，其中 3 架歼击机对其开炮，但都没有击中目标。

11 时 15 分，敌机距北京 480 公里，地空导弹部队第二营奉命进入一等战备。11 时 50 分，敌机距北京 139 公里，营长岳振华命令制导雷达开机，制导雷达在 115 公里处捕捉到目标。敌机距离 100 公里，岳振华下达“3 发导弹接电准备”命令。敌机距离60公里，岳振华下达“发射架同步”命令，全营官兵准确迅速地完成了操作动作，一切就绪。12时04分，敌机进入地空导弹发射区，岳振华果断下达发射命令，3枚导弹间隔6秒连续命中目标，敌机被击落解体，碎片散落在安平镇至河西务的庄稼地里，驾驶员国民党空军上尉飞行员王英钦当场死亡。

10月8日，全国人大常委会委员长朱德与党和国家领导人李富春、贺龙、徐向前、聂荣臻，中央办公厅主任杨尚昆，全国妇联主席蔡畅等先后到敌机残骸散落现场察看，并视察了地空导弹部队第二营。10月10日，中华人民共和国国防部通令嘉奖地空导弹部队第二营。10月13日，空军发布嘉奖令，为地空导弹部队第二营记集体二等功。

中国空军导弹部队首战获胜，是世界空战史上使用地空导弹击落军用飞机的第一例，它标志着中国空军的作战能力达到了一个新的水平。此后，国民党高空侦察机的侦察活动停止了两年多。

民间文化与人物

优越的地理位置，良好的人文环境，使张家湾形成了独具特色的镇域文化氛围。一代又一代的俊杰英才，以他们的功业铸成了通州的历史。

张家湾的人物

通州这个地方钟灵毓秀、人才辈出。《古韵通州·人物春秋》开篇写道："通州的历史是人的历史，'江山代有才人出，各领风骚数百年'，一代又一代的俊杰英才，以他们的功业铸成了通州的历史。在他们中间，有伴随帝王的皇后王妃，有治国安邦的国家栋梁，有威震敌胆的沙场骁将，有德被一方的封疆大吏，有平冤断狱的廉吏清官，有技艺超群的一代宗师，有悬壶济世的再世'华佗'，有佳作等身的著名学者，有出身卑微却胸怀天下的志士，有以拯救天下为己任而矢志育人的先驱，有为了国家民族慷慨捐躯的英烈，有为中华民族解放而献出毕生心血的革命先辈……他们是通州历史的脊梁，是通州历史的骨骼，是通州人民的骄傲。他们是千百年来大运河上波光闪闪的浪花。"张家湾地处通州中部，经济兴盛、五方杂处、人才荟萃。我们特选择张家湾镇古代、现代军界、文化界、企业界和已经退休的人物各一名，简要介绍。

李三才

李三才（？—1623 年），字道甫，号修吾，明代通州张家湾皇木厂村人。自幼目睹码头上民夫备受欺压的困苦生活和官员腐

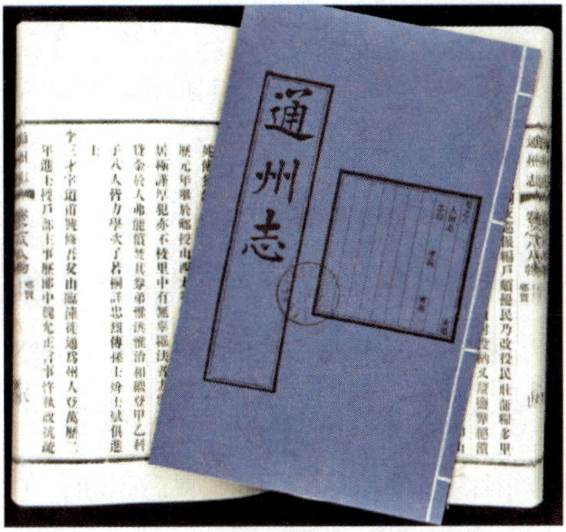

光绪《通州志》关于李三才的记载

败凶残的情景，立志刻苦学习，扶助正义。青年即中举，成绩名列前茅。

明万历二年（1574 年），他入京赶考，中进士，任职户部主事，任满升任本部郎中。此间，同事魏允正未按上司的荒谬主张办事而被贬官，李三才主持公正，为魏申辩，因此遭到打击，降三级谪任山东东昌府推官，掌管刑罚监狱事务。李三才并未灰心丧气，继续主持公正、勤勉从政。因政绩突出，升任山东省按察使佥事，分管全省司法大事。辖域内地痞恶棍搅扰一方，由来已久，百姓长期不得安宁。李三才不怕报复，深入调查，掌握实情，坚决地将恶棍一一绳之以法。百姓以手加额，称颂不已。因功再提任右佥督御史、漕运总督和凤阳府巡抚，一身兼任三个要职。

当时，明神宗朱翊钧委派太监充当各地矿监使或税监使，搜刮民财供皇亲贵戚享乐。太监们无视地方政府，肆无忌惮，到处敲诈勒索，疯狂镇压民众反抗，引起社会动荡。尤其是税监陈增，自以为上有皇帝靠山，在皇族故乡凤阳府横行霸道。李三才对此憎恨气怒，挥笔上疏，直陈矿监使危害，恳请惩办陈增。然而奸臣当道，上疏被奸佞扣压不报。他不顾个人安危，一心除害，连续上疏四次，但都被奸佞拦阻未报。

明万历三十年（1602年），神宗重病在身，以为天怒人怨，于是下诏免除矿、税监使，但病愈后又恢复了二监使。李三才忧国忧民，继续上疏，极言国势将危，再三请求彻底停止二监使，然而昏君不纳。此时，大运河山东段清口处干涸，漕运阻断，他建议朝廷组织疏浚，建闸节制河水，以利漕船行驶。但户部督储侍郎赵世卿贪于私利，勾结地方势力坚决阻挠。李三才身为漕运总督，眼见浚淤修河急务而不得施行，受制于奸佞而不能使运道畅通，于是，以患病为由上疏请求离任。神宗皇帝以为他推诿逃避，便予以批准。但北京、南京御史台官纷纷上奏章，乞求挽留复任。御史官史学迁上疏言："陛下以陈增故去三才，非所以抑奸邪扶正气！"此疏也未报神宗御览，三才离任而去。徐州官员接连上疏自请免职以代替三才，未获批准。恰好侍郎谢杰接替赵世卿职，再次请留三才，神宗方命令三才在原职供事，但不任命实职。安徽歙县人程守训依附陈增肆意妄为，三才决心不怕再受打击为国除害，继续揭发检举，查出程守训收受赃款数十万，严拿治罪，大快人心。

淮安、徐州一带水灾，三才请求朝廷赈灾优抚，免除杂税，深得民心，升任户部尚书。当时内阁缺人，部分大臣举荐三才。吏部文选郎中顾宪成革职居家，在家乡东林讲学，三才与之交厚。

浙江党派嫉恨他与东林党人交谊，便枉构事端，竭力阻止他再升迁。于是，由工部郎中邵辅忠出面，弹劾三才，给他捏造四大罪状，浙党御史乔应甲诬陷三才有“十贪五奸”之罪，御史徐兆魁继续诬陷。李三才四次上疏力辩，乞请退休。顾宪成向大学士叶向高写信，指出三才被诬陷的事实。一时间陷害者、救护者争讼朝廷。神宗既不驳斥，也不理睬。三才 15 次疏请免职，久久不得允准，于是挂冠而归，神宗也不追罪。

浙党顾忌朝廷重新起用李三才，便由御史刘光复落井下石，再次诬告他盗用张家湾皇木厂木材营建私宅，侵占官厂土地作园圃。李三才异常气愤，上疏自请朝廷搜查他家，又请诸臣会察。神宗命浙党御史李征仪、给事中吴亮嗣前去核查。奸党趁机加害，回报时捏造事实如诬告所指，神宗信以为真，便将三才削职为民。但李三才不以为意，回到家乡著书赋诗，并创办双鹤书院，为四乡子弟讲学。著有《双鹤轩诗集》《灼艾集》《无自欺堂稿》《诚耻录》等书行世。

明天启三年（1623 年），朝廷再次起用李三才，任南京户部尚书，未及上任而卒。李三才死后，宦党魏忠贤乱政专权，指使党羽接续弹劾已故李三才，迫使天启皇帝下令夺回朝廷所颁诰命、任命书。明崇祯初年（1628 年），明思宗朱由检诏命九泉之下李三才官复原职，入文庙乡贤祠，世间传颂为一代名臣。20 世纪 60 年代，北京市委书记处书记、著名作家邓拓曾给予李三才高度评价，将他的事迹写入了《燕山夜话》一书。

高天正

高天正，张家湾镇张家湾村人。1931 年生，1948 年参加中国人民解放军，1949 年加入中国共产党。曾参加平津战役、渡江战役、抗美援朝战争。在人民军队中，历任战士、班长、志愿军团政治处干事、师政治部秘书，军政治部副处长，军政治部副主任，军政委，集团军政委。1988 年起任广州军区政治部主任，被授予少将军衔。1990 年 5 月起，任广州军区副政委，被授予中将军衔。曾被选为第七届全国人大代表。1992 年 10 月起，当选中国共产党第十四次全国代表大会代表，并被选为中央委员会委员。

高天正离乡多年，但他时刻关心家乡的发展和变化。1992 年 10 月，他在给家乡人民的信中写道 :“谢谢你们为家乡建设呕心沥血，谢谢你们时时刻刻关心在外工作的亲人。祝顺利、成功。”家乡人民也为涌现出这样的杰出人物而感到自豪。

房树民

房树民，张家湾镇大辛庄村人。中共党员。1956 年毕业于通县师范学校。历任《中国青年报》文艺部编辑、副主任、主任，作家出版社副总编辑、编审。1952 年开始发表作品。1982 年加入中国作家协会。

主要著作有 :《诞生》，短篇小说集，1955 年新文艺出版社出版;《九月的田野》,小说集,1956 年新上海文艺出版社出版;《樱桃园村》,小说集,1958 年新文艺出版社出版;《雪打灯》,小说集,1964 年新作家出版社出版;《向秀丽》(与人合作),长篇报告文学,1959 年中国青年出版社出版;《为了六十一个阶级弟兄》(与人合作),报告文学,刊于 1960 年《中国青年报》,并被节选到中学语文课本中。

刘玉山

刘玉山,通州区马驹桥镇人,1956 年出生,汉族,本科学历。是伴随乡镇企业发展而成长起来的专家型高级管理人才。自 1974 年参加工作,先后担任通县钢窗厂技术副厂长,北京新兴企业集团公司与北京烟草公司、香港先达设计有限公司合资兴办的北京东亚铝业有限公司副董事长兼总经理。曾先后担任国家建设部建筑金属结构协会铝门窗委员会副主任、中国建筑装饰协会铝制品委员会副主任、中国建筑装饰协会幕墙工程委员会副主任、国家建设部建筑制品与构配件产品标准化技术委员会建筑幕墙门窗分会副主任;北京市建筑装饰协会常务副会长、北京市建筑工程物资协会常务理事、北京市通州区人大常委会委员、北京新兴企业集团公司董事长。

刘玉山致力于铝型材、铝门窗研发、生产的组织管理工作。1997 年主持具有国家一级资质的北京鸿恒基幕墙装饰工程公司工作,年设计加工幕墙门窗能力达到 100 万平方米。1997 年组织开发隔热节能铝型材和保温铝门窗，先后开发了采用断桥技术的灌注 PU 树脂隔热铝合金型材及嵌条式隔热铝合金型材。

从 2002 年起，刘玉山发展节能降耗产品。独立开发了 EAHD 系统节能铝合金门窗型材，采用嵌条灌注式断热方式，配备三层中空玻璃，保温性能优异，提高了门窗的安全性能和隔声性能，大大优于国家及地方标准，是国内独创产品，获得国家发明专利，实现了门窗在节能 65% 基础上的再节能。

刘玉山在工作中成功进行了多项技术攻关，他本人先后拥有国家发明专利 2 项，实用新型专利 8 项，其中灌注隔热铝型材获农业部科学技术进步三等奖，被建设部列为科技成果重点推广项目。因开发铝合金门窗及铝制品项目，刘玉山获得星火优秀个人一等奖，并先后获得北京市劳动模范和北京市星火科技二等奖等殊荣，被中国建筑装饰协会评为全国建筑装饰优秀企业家，并被评为全国劳动模范。

2003 年至 2005 年，东亚铝业有限公司在刘玉山的领导下，企业三年向国家缴纳税金分别为 1527 万元、2054 万元、2117 万元，2008 年企业实现产值 1.05 亿，实现税收 2195 万元。

吕　行

吕行，家住通州区张家湾镇西永屯村。退休前是牛堡屯卫生院公共卫生主管医师，在农村卫生防疫工作岗位上工作了 40 年。1990 年退休。从 1992 年开始在通州区推广和发展门球事业。

吕行祖籍浙江省，童年时母亲和一位姐姐由于战乱和瘟疫被夺去了生命，他和他的姐妹随父亲过着漂泊不定的生活。直至中华人民共和国成立后，一家人才定居在张家湾镇西永屯村。吕行在军校学习期间，患上了严重的关节炎，并为此休学。1950 年他的同学奔赴朝鲜前线，他为自己不能在国家需要的时候及时出力而抱憾。他积极配合治疗，但事与愿违，治疗多年仍没有痊愈。他放弃了学业，参加了工作。他亲身体会到健康对一个人的重要性，于是他决心投身于农村卫生防疫工作，做一名保卫人民健康的卫士。在工作中，尽心尽力为农村卫生事业和群众的健康辛勤工作，20 次受到表彰奖励。

退休以后，他觉察到虽然农民物质生活提高很快，但是精神文化生活和体育活动还有很大的发展空间，他决心为发展农村文化体育活动尽自己的一份力量。从 1992 年起，吕行在张家湾地区开展门球推广活动。

当时，农民对开展文化、体育等业余文化活动还不够重视，认识的缺位和设施的缺乏，给吕行的工作造成了很大困难。老吕因陋就简，克服困难，他先从所居住的西永屯村开始工作。经过跟村支部书记交流思想，村支部答应给一块地，但购买门球器材的经费没有着落。老吕就到各户动员筹资，很快，街坊邻居的老人们开始修球场，并请老木匠用枣木自制门球杆 8 根，终于组建了通州区第一支门球队。活动终于搞起来了，村民的业余生活开始活跃起来。

十几年来，老吕就这样一个村一个村地跑，一个人一个人地劝说。在他的努力下，到 2008 年已经发展了南大化、前街、小北关、垡头、王各庄、张辛庄、瓜厂、张湾镇村等 14 个门球村，发展门球队 24 支，队员 600 多人。建设门球场 16 块，先后培训门球等级裁判员 12 名，教练员 10 名，并成立了张家湾镇门球协会，在西永屯、张辛庄、王各庄等 6 个村建立了门球健身俱乐部。吕行还把门球事业扩展到邻镇的漷县镇。各村门球爱好者通过学习、比赛、交流，爱上了这项运动。他们一年四季在门球场上打球，不但得到了其中的乐趣，锻炼了身体，还改掉了一些坏毛病。经过老吕的努力，这些门球爱好者经常参加镇、区、市举办的门球比赛，如迎新春“元宵节”、庆三八“三八杯”、庆十一“国庆杯”和“鸳鸯杯”门球赛。2002 年、2003 年两年，前街、王各庄村门球队在区级“抗击非典杯”和“会员杯”比赛中，战胜城区各支门球队，以七战七胜的战绩取得第一名，各自捧回“冠军杯”。

柳营村的农民要求在搞门球活动的同时，开展扭秧歌，打篮球、乒乓球活动，丰富文化生活。根据群众的需要，老吕和村党支部书记商定投资近 2 万元，修建门球场、篮球场、健身器材场，购置锣鼓等器材，开展群众性文体活动。参加活动的中、青年妇女从 20 人增加到 50 多人。老吕耐心地教她们，每天晚上 9 点多才回家。老吕的工作得到群众称赞，村企业家温永志也被老吕的行为感动了，自愿赞助给秧歌队 50 条绸彩带。这个村的文体活动有声有色地开展起来。

王各庄村有许多农民爱好书法，为此，吕行开始寻找书画爱好者，终于他找到小北关村胡庆明、王各庄的退休干部李洪伦，请他们义务为青少年教授书法。在村党支部的支持下，少年书法学习班成立了，21 名青少年踊跃报名。为了增强这些学生的感性认识，老吕与有关方面联系，带他们到中国美术馆、首都少年图书馆参观纪念世纪伟人邓小平诞辰名人书画展览，让农村的孩子们感受书法的艺术魅力。

老吕把自己的满腔热血播撒在了农村文体事业上，他让更多的农民从单调的生活迈向了丰富多彩的文体生活。吕行先后 6 次被北京市门球协会授予“先进个人”称号。2003 年被通州区关心下一代协会授予“先进个人”称号，2005 年被北京市老年体育协会授予“先进个人”荣誉,2006 年被通州区门球协会授予“先进工作者”称号,2007 年获得通州区“公德之星”称号和北京市“文明之星”奖章。

张家湾的故事

民间故事，口传心授，世代流传。它记录了历史，记录了这里的风土人情，也记录了张家湾人民的喜怒哀乐。

里二泗的传说

里二泗村中有一座佑民观，佑民观在元代称为“李二寺”。关于李二寺，有这样一个传说：

据说原来村中有一个人姓李，排行老二，为人憨厚本分，乐于助人，大家都称他“李二”。李二孤身一人，无家无业，白天给地主干活，夜晚就住在河边的小土地庙里。他听别人说建庙拜佛能使穷人过上好日子，就想：如果要能建一座庙，不就能帮助很多穷人吗？！于是，就下决心攒钱建庙。土地庙里有一个小地窖，自从有了这个心愿以后，李二就把平日节省下来的铜钱，一个一个塞到小地窖里。天长日久，也攒了不少钱。一天，李二外出干活，藏钱的地窖被进庙玩耍的孩子们发现了，孩子们把李二的钱全都拿走了。李二回来以后并没有发现存的钱已经丢失，还在继续往地窖里藏钱。可是，他存的钱，又被孩子们拿走了。几年以后，李二觉得攒的钱不少了，可以操持购买砖瓦木料了，打开地窖一看，里面的钱却无影无踪了。李二心里一沉，但很快平静下来。对于这次沉重的打击，他并没有灰心，他认为这是神佛对他的考验，决心要把他心目中的那座庙建起来。为此，他继续攒钱。

这一回，他不把钱放在地窖里了，而是放在土地爷神像的肚子里。转眼又过了几年，李二心想这一次可以开始建庙了。可当他到土地爷肚子里取钱的时候，里面又是一个钱也没有了。李二存的钱，又被孩子们拿走了。李二心里一惊，但很快就镇定下来，他想这还是佛祖在考验他，于是决心继续攒钱建庙。此后不久的一天夜里，李二做了一个梦，他梦见有许多天兵天将来到他预想修建庙宇的地方，挖土开槽、凿石砌砖、锯木上瓦，不多时，一座高大巍峨的大庙就建起来了。李二高兴极了，睁眼一看，土地庙内一片漆黑，原来是一个梦。想想这么多年的辛苦，心里很是郁闷，不觉天旋地转，便与世长辞了。

第二天清早，村民看见村旁真的矗立起一座大庙，就纷纷赶到土地庙来告诉李二，不想他已经去世了。人们都说，这座庙是李二升天以后，请天神建造的，于是，就将这座庙叫作“李二寺”。以后的“里二泗”村名，就是由“李二寺”的谐音演变而来的。

广利桥下的镇水兽

土桥村的广利桥下有一只镇水兽，这只兽做卧伏状，梗颈扭头，怒视碧波，大角犀利，鳞片有秩，长尾回蜷，栩栩如生。在

被周仓刀砍的镇水兽

一般情况下，石桥应该有四只镇水兽，但土桥村的石桥只有一只镇水兽，这是为什么呢？民间传说是这样的：

当时的石桥下确实是有四只镇水兽，而现存的这只镇水兽，经常到庄稼地里偷吃庄稼。农夫见到庄稼被偷吃以后，就到石桥南端的三官庙里向关老爷告状。关老爷一听十分生气，但没有查到底细，也无法惩罚。于是，关老爷就命身边的周仓，在夜里暗暗查访。镇水兽自以为神不知鬼不觉，又到地里偷吃庄稼，可是，咔哧咔哧的声音让四处巡查的周仓听到了。周仓向响声处奔去，见是石兽在偷吃庄稼，也顾不得喊，抡起手中的鞭子，狠狠地向石兽抽去。石兽挨了一鞭子，惊慌地跑了回去。周仓心想，这石兽一定不敢再去偷了，因此没有向关老爷报告。不想石兽旧习不改，就在挨打的第二天夜里，又去了另一块地，看看四周没有动静，就放开胆子偷吃庄稼。周仓担心石兽贪吃，这一回提着关老爷的青龙偃月刀到地里查看。从东边走到南边，又从南边绕到西边，都没有发现可疑的迹象。当从西边刚向北边走了几步，又听到了石兽咔哧咔哧偷吃庄稼的声音。周仓气呼呼地直奔过去，照准石兽的身上咔嚓就是一刀。那石兽来不及躲闪，腰上挨了一刀，一条大口子鲜血直冒，号叫着逃回原处，老老实实卧下了。周仓也不追赶，提刀回庙，向关老爷如实禀报，关公很满意地点点头，让他继续站在赤兔马旁边。

天亮以后，卧在受伤的石兽对面的那一只看见同伴血淋淋的样子，十分害怕，问明情由以后，不敢再看桥，就偷偷地跑到张家湾南门外，卧在通运桥下。不久，西面的两只石兽也逃得不知去向。只剩下受伤的石兽因为害怕再受惩罚，还卧在石桥下，腰上的刀痕至今还清晰可见。

曹家井

张家湾城内有个花枝巷，花枝巷中有座深宅大院，院内东厢房里有一口井。据说，这座宅院和这口井是曹雪芹家的。曹家在张家湾有一家当铺，也有房产，据说曹雪芹年轻时还在这个院子里住过。

那口井很深很深，井口直径足有三尺。井身都是用青砖砌成的，好像一个大肚坛子。

那时的井水，清亮得很！抿一口甘甜爽冽，人们都喝这口井的水。

曹家常用这井“镇”东西。比如从南方带来的瓜果蔬菜，放在篮子里，往井里一坠，夏天阴凉阴凉的，吃起来是那么鲜嫩水灵。

有时也“镇”些别的吃食。

有一天，出了怪事：曹家放在井里的东西不知什么原因没有了。问谁谁都说不知道，都说没有拿过。第二天竹篮子里还是空空的。于是，曹家人就想：是不是井里有了活物！

后来，这事就传了出去，越传越远，并且也越传越神。说是曹家井里有一条龙，金光闪闪。只是时数未到，等过了九九八十一天，就会腾空而起，直上云天。

这件事传到了京城，皇上知道这件事以后，越想越不是滋味：这不是想另立真龙天子，要谋反嘛！于是，下令查抄了曹家，还下令给那口井盖上青石，永远不准使用。

现在，那口井还在，井水还是很深很深，只是再不那么清亮，味道也带着一些苦涩了。

三家坟

张家湾城西，有一条萧太后河。河水清澈见底，河边长满了茂盛的芦苇。河岸靠近花庄的那片地方，生长着参天的苍松翠柏，人们都说这里风水好。于是，就有不少的豪门大户选这里做坟地。

最早是窦家选在这里做坟，后来又有马家坟、曹家坟。据说曹家坟是曹雪芹家的坟地。曹家几代做大官，声名显赫，家兴人旺。

三家为什么都选这里做坟地，而又友好相邻呢？这里有个传说：原来，先来的窦家见这里是块宝地，便借谐音取吉利，说是“豆卧金田”；马家见这窦（豆）家“遍地生金”，便想到“草长精神豆长膘”这句话，于是死了人也埋在这里；曹家见窦（豆）家“落土生金”，马家靠着窦（豆）家，肥得流油，而自己却是空空一槽（曹），就也把坟地选在这里，以图“槽头料满，财源茂盛”。

后来，花庄的一个庄头见三家都在这里建坟地，认为这样就会把花庄吃穷了，就出钱建了一座关帝庙。为什么建关帝庙，而不建别的庙呢？那关羽不是骑着高头大马吗，又在庙门悬挂一支马鞭子作为镇物，为的就是破三家的风水。后来，曹、窦、马三家先后都败落了。曹家、窦家已经断后，只有马家还有后人。如今只留下了曹家坟、窦家坟的地名了。

文房四宝地

曹雪芹家墓地的东面，有一块地叫“文房四宝地”。这名字是怎么来的呢？传说有一年，一个多年落第的老翁，住在张家湾的南省会馆里，等待着又一次应考的结果。多年落第，这一次又不知结果如何，心意悬悬不可终日。

秋末冬初的一天，天上灰蒙蒙的。老翁心中烦闷，出门后“信马由缰”，沿着城里的“官沟”往北漫步。出了北门不远，见一片荒凉之地，前面有一座铁塔，三四丈高，锈迹斑斑；塔边有一块石碑，年代久远，缺棱短角，字迹斑驳。走到近前一看，就在塔与石碑之间，有一眼深井，向下望去，井内一片漆黑，井旁长满了干枯的杂草。看来，这里已经很长时间没有人光顾了。冷风袭来，一阵凄凉之感从老翁心中油然而生。正叹息间，忽见一位和尚向这里走来。只见这和尚破衣烂衫，蓬头垢面，脚下穿着一双破鞋。走到塔、井、碑前，和尚大叫一声："好风水！"惊得老翁两眼发直：明明是破塔残碑，哪里来的好风水呢？那和尚口中念念有词："文房四宝地也！文房四宝地也！"老翁纳闷："文房四宝？"和尚见老翁发愣，说道："你看，这铁塔拔地而起，顶儿尖尖，不是笔吗？那石碑长长方方，立在地上，不是墨吗？那眼井，自然就是砚台了……"老翁问："那'纸'又在何处呢？""那纸吗？"和尚用手向天空一指，天上正好飘飘洒洒落着雪花，转眼之间已是铺天盖地遍野皆白，"那一地的瑞雪，无边无际，不是上好的宣纸吗？"老翁闻听，恍然大悟，觉得自己真是三生有幸！他想问问和尚自己能否中举。和尚像是知道了他的心思，笑道："至此如此，金榜题名！"说罢，飘然而去。

后来，那老翁真的中举，做了大官。为了感谢张家湾这块宝地，他重修了塔、碑和井，以示纪念。可惜经过岁月的消磨和地震、战火的摧残，那些古迹都已经不存在了，但"文房四宝地"的故事却流传了下来。

张家湾的花会

花会是通州地区群众性的节庆文化娱乐形式之一，源远流长，群众喜闻乐见。历史上，张家湾地区长期地处水陆码头，历代人文荟萃、经济活跃，花会活动更加繁盛，几乎村村有花会，总数不下几十档。佑民观是张家湾地区最大的寺观，佑民观庙会在地区经济、文化活动中具有较大影响，重大节庆活动常在这里举行花会表演。据《漷阴志略》记载："里二泗碧霞元君（庙）（即佑民观）岁丰则正月初五至元宵（节）必举香会，合邑若狂。其会

张家湾镇第五届葡萄采摘节上的花会表演（2004年）

有钟（中）幡、高跷、秧歌、少林等（项）目，以及弄狮、舞灯、跑马、跳驼诸技，无不必至。”届时，人山人海，百货云集。南八会、北八会等几十档花会在这里汇集，竞技争高，人喧马叫，热闹非常。中华人民共和国成立后，又增加了国庆、五一节、春节、元旦等喜庆节日，民间花会仍然是节日庆祝活动中的必有项目。

张家湾地区有一句流传很广的民谣："马营的秧歌张家湾的会，皇木厂的竹马排成队。”由此可见历史上张家湾地区花会活动的繁盛。下面，我们分别介绍上述的“秧歌”“会”“竹马”以及太平车。

马营的秧歌

马营的秧歌，就是高跷，是适合广场表演的一种民间舞蹈形式。高跷有文跷、武跷之分，文跷重扮相扭逗，武跷则强调个人技巧与绝活。文跷所用的腿子高三四尺，高于武跷，多数高跷队采取文跷武跳的表演形式。

一队高跷一般为 12 人至 18 人表演，主要角色有公子，着敞衫彩裤，头戴公子帽，手持折扇；头陀（和尚），着黑色无领短打衫，手拿两根木棍；小二哥，上穿红袄，下穿红绿腿长裤，手持鞭子；膏药（卖药先生），丑角，手持唤铃，黄衣小打扮；老渔翁，头戴草帽，着白衣；樵夫，肩扛扁担；渔婆，穿短衫，腰系围裙，头戴草帽；傻太太，青衣打扮，手持折扇。另有打鼓 4 人，丑角，武生打扮；打锣 4 人，丫鬟打扮。场外有大锣、大鼓、大钹、唢

高跷表演

呐伴奏。角色装扮滑稽，表演粗犷豪放，表演的内容多穿插戏曲曲目，如《打渔杀家》《白蛇传》《闹天宫》《八仙过海》《西游记》《小放牛》《宝钗扑蝶》等。表演时，演员随锣鼓、唢呐伴奏而起舞。有行走、打场、齐唱、轮唱，并不时穿插跳坡子、跳板凳、跳高桌、金鸡独立、蝎子钩、怀中抱月、鹞子翻身、下叉、背剑、旋风脚等特技表演动作。

马营的秧歌表演以唱、逗为主，角色有头陀、小二哥、渔翁、渔婆、樵夫、武扇、“膏药”、老坐子和打锣、打鼓各2人，共12人。行头为戏装，所用腿子为杉木制成，高1.2米。表演的主要内容有《秦琼卖马》《草船借箭》《小寡妇上坟》等，每个角色在锣鼓伴奏下边舞边唱。演员阵容整齐，基本功扎实，嗓音高亢嘹亮，在张家湾地区首屈一指，深受欢迎。

张家湾的会

“张家湾的会”，具体名称是“张家湾童子老会”，由张家湾村的高跷、高楼金村的大鼓、花庄的“吵子”、齐善庄的中幡组成。

张家湾的高跷

张家湾的高跷主要角色有“四打”：打锣、打鼓各 2 人；“四跳”：头陀、小二哥、武扇、“膏药”；“四唱”：渔翁、渔婆、樵夫、老坐子，共 12 人，文武兼备。所用腿子用杉木芯制成，雕花彩漆，呈金黄色，底部套铁箍。表演内容以《三国演义》片段为主，不时穿插如苏秦背剑、跳高坡等高难动作。

高跷表演的前导，是一支由 20 个小男孩组成的“波子”。“波子”队持“童子老会”会旗，肩挎香袋，打着“娘娘幅”，边舞边唱。

高跷装扮

特技表演

到了里二泗佑民观，“波子”队进观拜娘娘，拜哪个娘娘唱哪段娘娘歌。高跷只在广场表演。高跷队后面是“黄轿子”压阵。“黄轿子”由 4 人或 8 人抬轿，轿子呈黄色，轿内有事先画好的“符”，秘不示人，到佑民观祭拜以后焚烧。整档花会的最后，是“童子老会”的会幅。

整档花会由演员、指挥、伴奏等近百人组成，表演时，浩浩荡荡，很有声势。里二泗、马营、大高力庄等村都有表演高跷的传统。

高楼金的大鼓

高楼金的大鼓，表演时由八面大如圆桌的鼓组成鼓队，表演者身披“童子老会”缎带，头戴黄帽，能敲打出变幻多端的鼓曲，时而如淙淙流水，时而像雷霆震天，反复变化，气势磅礴，令人耳目一新。

花庄的“吵子”

花庄的“吵子”，是张家湾“童子老会”中又一支广场打击乐队。

吵子表演

所不同的是“吵子”只用锣、钹、铙、大镲等，表演时由一面单皮鼓指挥，敲打出不同的打击套曲。表演时清脆热烈，铿锵有力，震耳欲聋，热闹非凡。

齐善庄的中幡

齐善庄的中幡表演历史悠久，在附近村庄尽人皆知。中幡源于佛教，又称“大执事”。用一根长 10 余米的竹竿为主干，上端饰小伞、缀铜铃，从竹竿上端系一条幅悬垂而下。中幡的总重量七八十斤，表演时，由几名壮汉轮流耍动。舞幡者分别采用手、臂、肩、肘、头、后腰、下巴等部位为支撑，表演各种动作。表演者潇洒自如，竹竿直立不倒，上下翻飞，铜铃清脆悦耳，极具观赏性。

中幡高大，在广场表演中影响范围较广较大，加强了整档花会的声势，常常起到“会旗”的作用。

皇木厂的竹马

皇木厂的竹马表演始于元代。“竹马”用竹篾或藤条绑扎成骨架，用布料染上颜色，装扮成 8 匹马、1 头驴和两头骆驼模型。按照顺序，马的颜色分别为红、黄、白、黑、粉色等，骆驼为黄色。表演时，表演者将马、骆驼、驴的模型挎在腰间，在鼓、锣、镲、单皮等打击乐器的伴奏中，表演串花、跑“8”字等动作。晚上表演时，马、驴、骆驼的头、尾部还要燃起蜡烛。在当时没有广场照明的情况下，远远望去如萤火蠕动，别有一番情趣。“竹马”表演时，前面有一支 20 多个男童组成的“波子”队，边舞边唱；后面有 30 多人举着旗、锣、伞、扇跟随，表现风调雨顺、国泰民安的情景。

太平车

太平车又称小车会，是流传广泛的民间舞蹈形式。传说太平车起源于宋代，道具是木制车架，外蒙布，布上画车轮。表演时车架系在表演者腰间，如女子坐车状。另有一人推车，一人拉车，通过推车赶路、过桥、上山等动作，在打击乐和管乐伴奏下载歌载舞。辅助角色有先生，持纸扇；丑婆子，拿芭蕉扇和手绢；傻小子，拿酒壶。张家湾地区枣林庄、瓜厂、姚辛庄等村都有表演小车会的传统。

关于太平车的起源，有一个传说：相传古代太平县有个人叫

民间小车会

刘三修，与妻子以推车做脚夫为生。一日，两人推车进山，遇到一位千金小姐和一个丫鬟行走不便，雇用刘三修的车赶路。行进间，小姐看到道路崎岖难行，推车人步履维艰，就让丫鬟下车帮助。丫鬟年轻貌美，刘三修心生爱慕。刘妻见了醋意大发，有心发威，又怕得罪小姐。丫鬟见此情景故意挑逗刘三修，使刘妻越发气恼，于是故意在两人中间设置障碍，由此产生一连串喜剧情节。

表演程式的第一段，表现平路推车的情景。第二段则是突出人物性格的表演。丑婆子扭扭捏捏极力显示自己的精明与泼辣；丫鬟则喜笑颜开、天真活泼，表现聪慧纯真的性格；推车人时而步履沉重，时而健步如飞，表现豪爽憨厚的人物特点。第三段，丫鬟与推车人相互挑逗，丑婆子百般阻拦，三人动作夸张，节奏紧凑，场外伴奏加强力度，把整个舞蹈推向高潮。

1989年在北京市“龙潭杯”农民艺术节上，张家湾枣林庄村的小车会、里二泗村的高跷，分别获得表演三等奖和组织奖。1990年在通县花会调演中，枣林庄的小车会获表演一等奖，姚辛庄的小车会、大高力庄的高跷分别获得表演三等奖，张家湾镇政府获得了组织奖。

为了继承传统，培养人才，里二泗小学于2007年组建了一支校园高跷队。这支高跷队由16名8岁至12岁的学生组成，其中男生7人，女生5人，由齐瑞华老人担任高跷队的技术指导。高跷队制定了严格的管理制度和活动规则，在不影响学校正常教学的情况下，利用每天早、中、晚进行练习，周六、周日集中授课和排练。如今，高跷队经常参加节庆演出，高跷队的成员也成为群众性文娱活动的骨干。

里二泗高跷队

远年遗响

在元、明、清三朝，不知有多少朝廷命官、文人骚客、富商大贾来往于京东名城张家湾，在这里留下了美妙的诗篇。

张家湾古诗

张家湾棹歌

陆　深

张家水流北山头，十里洪身九曲洲。
惟有老渔知进退，深滩撒网浅滩揪。

陆深：初名荣，字子渊，上海人。明弘治年间进士，曾任太常寺卿兼侍读、詹事房詹事。自幼文章有才名，善书法，习李邕、赵孟頫。鉴赏博雅，写文用词为群臣之首，著有《玉堂漫笔》等。

下第张家湾

桑绍良

貂裘敝尽客还家，郭隗台前日欲斜。
回首凤城春色好，莺声啼碎碧桃花。

桑绍良：明代人。生平不详。

长店作

殷云霄

牵舟下潞河，河浅不可行。前途漫浩浩，日暮悲孤征。
缘流百里间，淼茫即东瀛。挂帆越万里，快哉平生情。
失计今如此，忧怀徒自盈。

殷云霄：字近夫，山东寿张人。明弘治年间进士。官至工科给事中，为官廉正，深得民望。平生雅志诗文，时称“十才子”之一。卒时年仅37岁。著有《石川集》。

登张湾里二泗道院高阁

汤显祖

弭舳聚氤氲，屣舄凌晖皎。旅积方此舒，波情亦堪绕。
榛丘见蒙密，重关思窈窕。况此羽人居，青荧满幽眺。
双扉永平直，层楼回飞矫。陵岳翠西矗，河渠白东淼。
幢樯密林树，咿优轧鱼鸟。封畛四如画，歧术纷可了。
非经灞陵役，复异河阳绕。如何帝乡云，悠悠映江表。

汤显祖（1550—1616年）：明代戏曲家、文学家。字义仍，号海若、若士，别号清远道人。江西抚州临川县人。出生于书香世家，21岁中举，30岁登进士。曾任南京太常寺博士、礼部主事。因上书弹劾大学士申时行堵塞言路、吏部给事中杨文举办赈济收受贿赂而招致降职，调任遂昌县知县，又因不附权贵而被免官。他为官清廉自守，一生精研词曲，著有《紫钗记》《南柯记》《邯郸记》《还魂记》，世称临川四记。以《还魂记》即《牡丹亭》最为著名。

七月十五日夜泛舟里二泗

刘廷谏

早秋十五潞河边，里二滩头系一船。
为爱清风消溽暑，更怜明月满中天。
涛平千里水如练，云挂孤帆人似仙。
有客扣舷解予意，朗吟赤壁不曾眠。

刘廷谏：字感仲，号良哉。顺天府通州人。明万历四十七年（1619 年）进士，授刑部广西司主事，因能兴利除弊、除暴安民，升吏部郎中，后因得罪魏忠贤而被罢官。明崇祯初，复官吏部郎中，敢于直言上疏，明崇祯十七年（1644 年）任佥都御史。著有《雪巷祁集》等。

通州道中

张宜泉

未熟东来路，沿村问去程。
一鞭残照里，得意马蹄轻。

赴张家湾寻曾祖柩

张宜泉

宗柩遗萧寺，高僧不可寻。
特留三月宿，要觅百年音。

张宜泉：清《红楼梦》作者曹雪芹的好友。生平不详。

张家湾古铁锚歌

管庭芬

金星流如旭日堕，坠地化为顽铁土。
何年鼓铸成巨锚，抛掷荒原土花蚀。
雨零日炙黝为苍，应有精灵守其旁。
不作铁柱镇蛟蜃，抱才未遇谁其航。
敧斜角立各盈丈，却为佛家系龙象。
铜山西倾洛钟鸣，试唯一扣钟亦响。
相传唐征高句丽，欲从直沽窥藩篱。
后来改道不复用，贞观款识谁能稽。
又传蒙古利海运，大舰峨峨转诸郡。
北门夜放首鼠奔，此锚免销作兵刃。
历翻史志皆无实，或者阙疑或者逸。
寒云漠漠风萧萧，积铁无言难絜诘。
至今久弃城墙下，过客摩挲趁闲暇。

休将金马比清高，竟恨铜驼共惊诧。
我来吟诗云老衲，铁环鉴然似相答。
何时齐变蜇龙飞，好与延津双剑合。

管庭芬（1797—1880 年）：字培兰、子佩，号芷湘，晚年又号芷翁。浙江海宁人。清代诸生，方志学家，其诗清新，熟悉乡帮典故。曾参与编纂《海昌备志》。清道光十年（1830 年）秋，因应京兆试，住县管河州判衙署内，受其兄管嗣许之托，于清道光十一年（1831 年）秋，纂成近万字的《漷阴志略》。

土桥庙中赏牡丹作

戴凤池

桃花开罢牡丹红，续得韶光泄化工。
谁谓人间春易老，老禅关也可住翁。
庙门幽绝庙廊问，庙内仙花笑破颜。
一自仙人来驻驾，好留春景在人间。

喜友来访二首

戴凤池

暮春时节嫩寒天，闻说君来喜欲颠。
恰有黄封一樽酒，好同倾醉话忘年。
才气年来定更雄，知君文笔冠京东。
潞河风景胸中趣，写入诗篇迥不同。

戴凤池：字翰元。张家湾上店村人。清同治六年（1867年）补廪生，光绪十四年（1888年）岁贡生，授通州训导。清光绪二十年（1894年）恩科奖五品顶戴，清宣统元年（1909年）赐四品。清光绪十八年（1892年）运河洪水肆虐，上店受灾奇重，官赈为数甚微，凤池命其子在京城筹款若干，散济灾民。

张家湾诗作、书法

铁牛庙

迺　贤

燕人重东作，熔铁象牛形。
角断苔华碧，蹄穿土锈腥。
遗踪传野老，古庙托山灵。
一酹壶中酒，穰穰黍麦青。

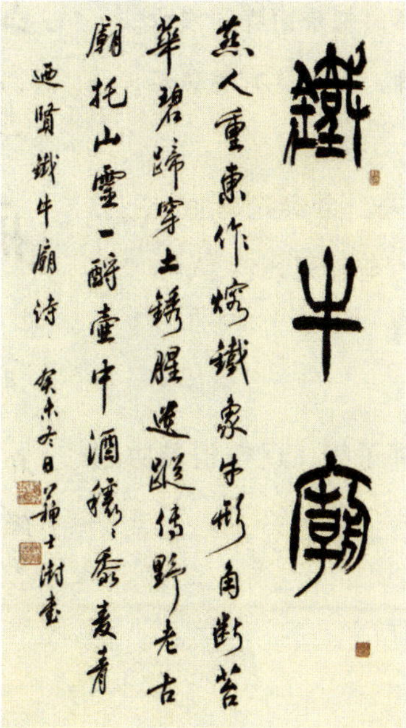

迺贤：字易之。元代南阳人，后迁居浙江鄞县。能文，尤善作诗，与当时浙江韩兴玉（书法）、王子充（古文）并称江东“三绝”。曾任东湖书院山长，后被举荐为翰林院编修。著有《金台集》《河朔访古记》。

书法作者：苏士澍，中国书协理事、中直机关书协副主席。

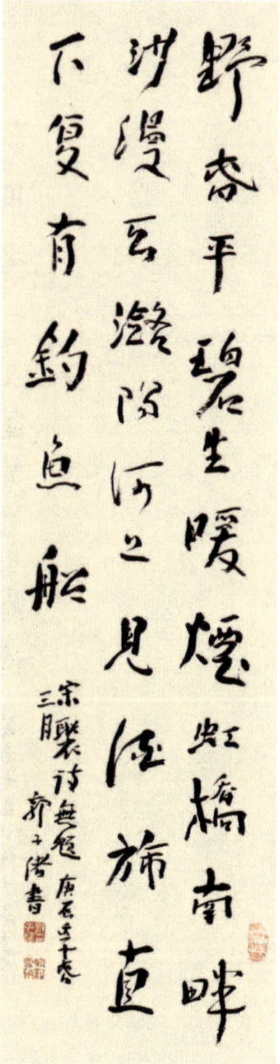

无　题

宋　褧

野春平碧生暖烟，虹桥南畔沙漫天。
潞阳河上见酒旆，直下复有钓鱼船。

宋褧：字显夫。金泰定年间进士，累官至翰林直学士，与其兄齐名，人称“二宋”。著有《燕石集》。

书法作者：郭子绪，辽宁省书协副主席。

张家湾舟中作

樊　皋

朝发燕山阳，夜宿张湾侧。
高树蔚繁荫，浮云淡无色。
倦彼西日驰，忧心恒恻恻。
赖我同心人，相期崇令德。

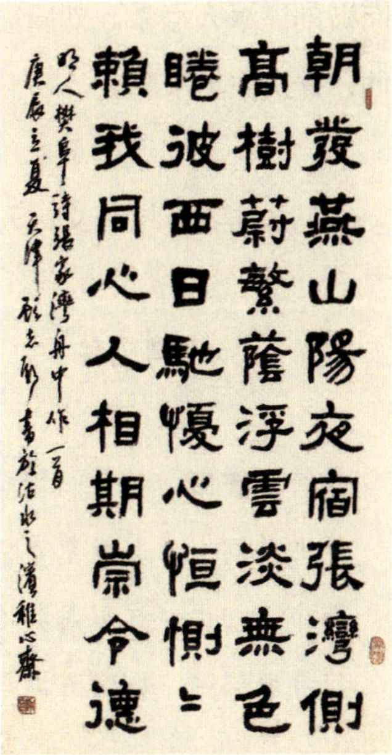

樊皋：字时登。缙云人。明成化年间举人，官至延平训导。善诗，著有《樊山集》。

书法作者：顾志新，中国书协理事、天津市书协副主席。

晓发张家湾

许天锡

黄鹂啼歇晓阴开，两岸垂杨荫绿苔。
叶底轻花看不见，暖风吹入短篷来。

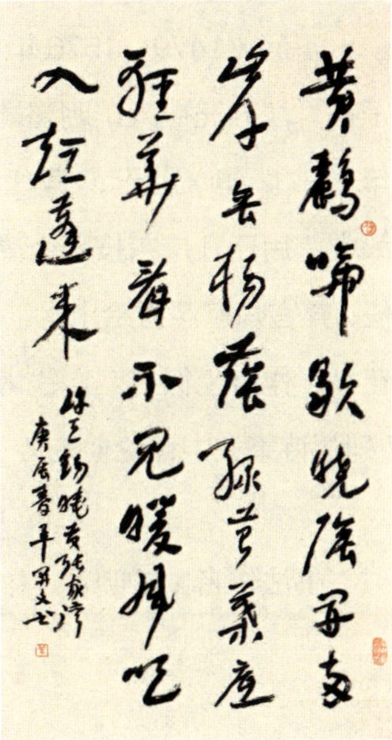

许天锡：字启衷。明代著名文学家。弘治年间进士，官至史科给事中。因对权臣刘谨贪赃纳贿不满，并清查出刘谨曾数十次侵匿内库，

而被刘谨派人缢杀。刘谨被惩处死后，由皇帝亲自下谕公开祭奠他，并抚恤其家属。

书法作者：毕开文，天津市书协副主席。

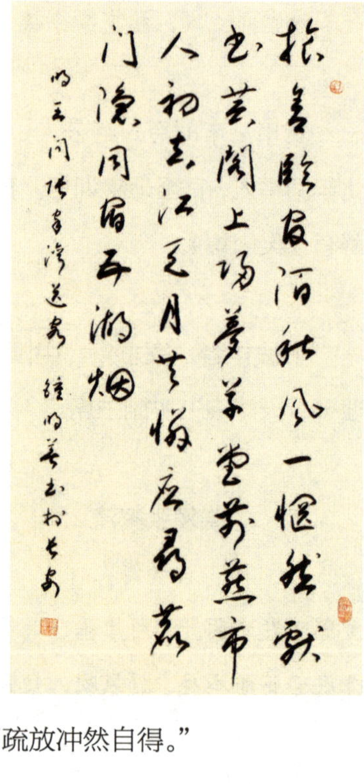

张家湾送客

王　问

旅舍临官陌，秋风一惆然。
献书芸阁上，归梦草堂前。
燕市人初去，江天月共怜。
应寻鹿门隐，同宿五湖烟。

王问（1479—1576年）：字子裕。江苏无锡人。明嘉靖十一年（1532年）进士，官任车驾郎中，后迁升广东按察佥事未赴任，弃官归家。善绘山水、人物、花鸟，作诗也很有名。钱谦益在《列朝诗集》中评论他的诗："萧闲疏放冲然自得。"

书法作者：钟明善，中国书协副主席、陕西省书协副主席。

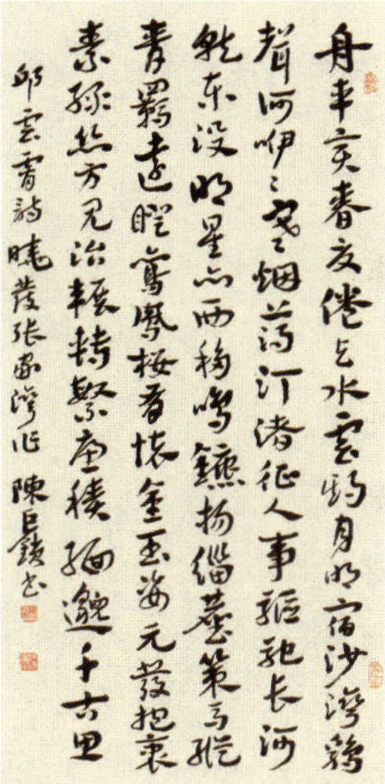

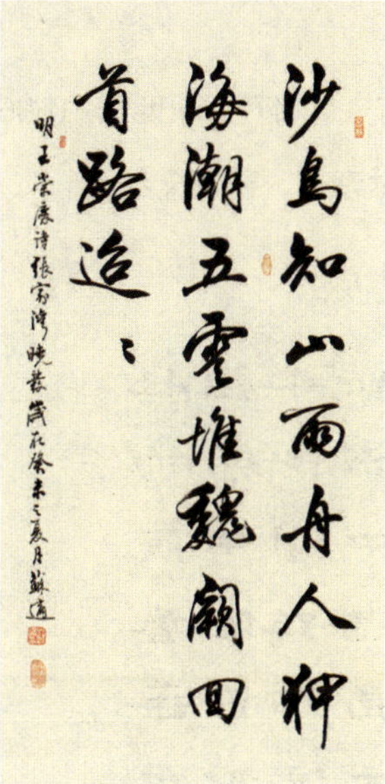

晓发张家湾

邱云霄

舟车变春夏，倦与水云期。
月明宿沙湾，鸡声何咿咿。
寒烟薄汀渚，征人事驱驰。
长河就东没，明星亦西移。
鸣镳扬缁尘，策马纵青羁。
远瞪鸾凤楼，有怀金玉姿。
元发抱衷素，绿丝方见治。
辗转繁虑积，缅邈千古思。

邱云霄：字凌汉，号止山。明代崇安人。官至柳城知县。著有《南行集》《东游集》《北观集》《山中集》等。

书法作者：陈巨锁，山西省书协副主席。

张家湾晓发

王崇庆

沙鸟知山雨，舟人狎海潮。
五云堆魏阙，回首路迢迢。

王崇庆：字德征。开州人。明正德年间进士，官至南京吏部尚书。著有《周易议卦》《五经心义》《山海经释义》等。

书法作者：苏适，原北京市书协秘书长。

里二泗东皇祠下作

王嘉谟

柽桐发春华，蔼蔼照中圃。

杳渺平沙阔，孤帆逗新雨。

中流见古祠，松云澹群树。

举酒酬芬芳，村巫起屡舞。

雪消蕨初绿，苹香鱼正乳。

但醉不须辞，此乐真堪取。

王嘉谟：字伯俞，号弘岳。明代顺天府人。明万历十四年（1586年）进士，任行人司行人，掌传旨、册封等事。善诗文辞赋。

书法作者：王朝瑞，中国书协评委委员。

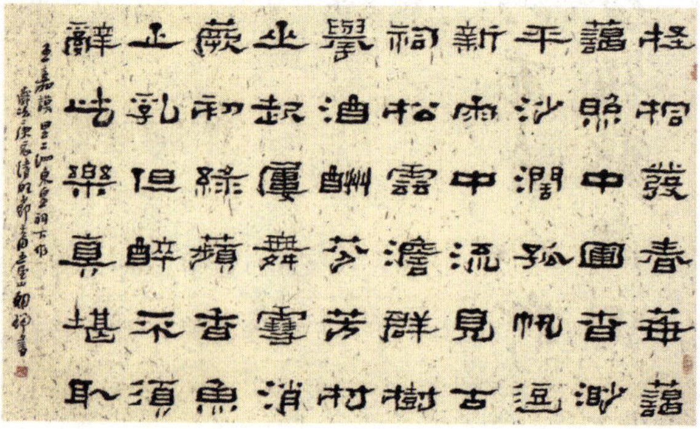

发潞河作

陈 暹

扁舟发潞河，驾言途旧服。
津路多邅回，舟行往如复。
回首黄金台，宛然犹在目。
仲春天气和，新莺上乔木。
青葱布丘甸，牛羊散平陆。
缅怀沧州间，栖迟动信宿。

陈暹：字季昭，号云樵。江苏吴县人。画家，工设色山水、人物，以绵密潇洒为其特色。明弘治初年年已80。不善交往，只与杜琼交厚。

书法作者：王宝贵，河南省书协副主席。

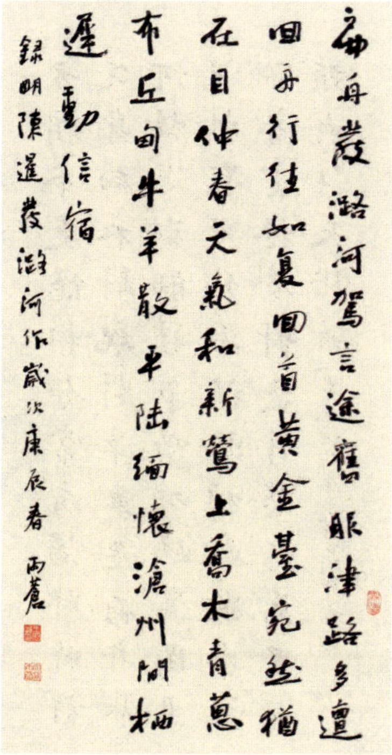

告归发潞河作

黄凤翔

方朔本吏隐，相如常病渴。
时时许乞身，初衣辞魏阙。
苹车逐扁舟，长河接溟渤。
舳舻争唱呼，鸥鹭闲出没。
帆影日外落，津头棹歌歇。
举酒酬暮云，卷帘对夜月。
悠悠万里心，顿与江天豁。

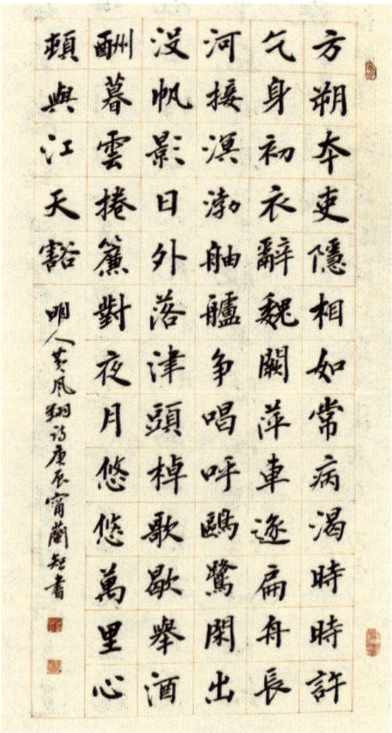

黄凤翔：字鸣周。晋江人。明隆庆进士第一。授修撰，升礼部右侍郎，因疏争建储事不报，告归。复起用为南京礼部尚书。

书法作者：宁兰智，山东省书协副主席。

题曹雪芹墓石

冯其庸

迷离扑朔假还真，踏遍西山费逡巡。
黄土一抔埋骨处，伤心却在潞河滨。

哭君身世太凄凉，家破人亡子亦殇。
天遣穷愁天太酷，断碑一见断人肠。

草草殓君土一丘，青山无地埋曹侯。
谁将八尺干净土，来葬千秋万古愁。

冯其庸：1924年出生在江苏无锡，现任中国红楼梦学会会长、中国汉画学会会长、中国戏曲学会副会长、中华炎黄文化研究会副会长、《红楼梦学刊》主编。

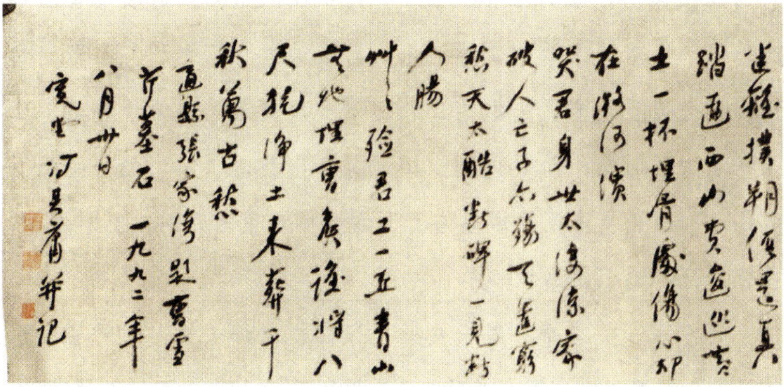

张家湾碑文

张家湾城记

[明]大学士　徐阶

自都门东南行六十里，有地曰“张家湾”。凡四方之贡赋予士大夫之造朝者，舟至于此，则市马僦车，陆行以达都下。故其地水陆之会而百物之所聚也。

嘉靖癸亥（1563年）冬，世宗皇帝以有警，诏发营兵戍之，先声播闻，凛不敢犯。然戍者无所据依，昼夜被甲立，势实不可以久。甲子（1564年）春，顺天府尹刘君畿，因以城请司空雷公礼，上议曰：“城于戍便于守固。”世宗报可，敕顺天府丞郭汝霖、通判欧阳昱，以二月二十二日（3月4日）始事。财取诸官之赎及士民之助者，木取诸营建之余，砖取诸内官厂之积，石取诸道路桥梁之废且圮者，夫取诸通州之卫卒及商若民之饶于资者。工既举而财不时集，阶具以闻。诏光禄寺出膳羞（馐）之余金三万两贷之。于是，诸臣咸悦以奋，而巡按御史董君尧封，王君用桢，程督加严，越三月遂以成告。

周九百五丈有奇，厚一丈一尺，高视厚加一丈，内外皆甃以砖。东、南滨潞河，阻水为险，西、北环以壕。为门四，各冠以楼。

又为便门一、水关三，而城之制悉备。中建屋若干楹，遇警则以贮运舟之粟，且以为避兵者之所舍。设守备一员，督军五百守之。而湾之人、南北之缙绅、中国四夷朝贡之使、岁漕之将士，下逮商贾贩佣，胥恃以无恐，至于京师亦隐然有犄角之助矣。

仰惟国家建都燕蓟百六十年于兹，湾之有城，实自世宗遣戍之诏始，盖世宗雄才大略出于天纵，而订谟睿算又得于夙夜计安天下之心，非偶然者。其功在社稷，庙称为“世”，虽未易以名言，然此固其一也。夫睹河、洛而思禹情也，亦义也。今而后，登斯城者，于世宗能无思乎？诚使文武吏士，保体固郊圻之意而殚谋，以殿封疆；兵之守者，怀据依之便、居处之安而竭力以奋武卫；其在宾旅，溯周防曲护之恩而各修厥职，以供朝廷之事，则庶几为能思世宗矣。阶不敏，敢因纪成以规焉。

古镇新声

张家湾自古就是京津冀的交通枢纽，是北京著名的十大古镇之一。在千年文脉的传承和激励之下，张家湾这正用她厚重的文化底蕴和砥砺前行的人文精神，续写新的篇章，再铸古镇新的辉煌。

毛泽东主席为爱国社的“财务包干”经验题写批语

中华人民共和国成立后，通县实行土地改革，贫苦农民分得了土地，劳动生产积极性高涨，农业生产有了一定发展。但长期形成的贫困状况依然严重制约农业生产的发展。全县平均 8.3 户有 1 辆大车，8.1 户有 1 头大牲畜，5 户有 1 头毛驴。资金匮乏，难以扩大再生产和有效抵御自然灾害。1951 年粮食生产达到抗日战争前（1936 年）水平，全县仍缺粮 5790 万斤。属于富裕村的十里堡（今属朝阳区）146 户中，61 户勉强度日，15 户不能维持。在这一年，全县地权变化 3 万多亩，在随机调查的 6 个村中，169 户因生活窘困卖地 555 亩。“两极分化”的现象初步显现。

为了改变农村的落后状况，根据中共中央关于“组织起来，发展生产”的指示和农村“搭套”的固有习惯，遵循自愿互利的原则，在中共通县委员会的领导下，农村互助合作运动开展起来。1955 年中共中央《关于农业合作化问题的决议》发表以后，掀起了兴办高级社的热潮。然而，一家一户的小农经济与集体经济是两种不同的经济形态。对于习惯了小农生产的农民来说，如何办好合作社，是摆在面前的一个大难题。张家湾区土桥乡爱国农业生产合作社也不例外。

高级社建立之初

1954 年冬，爱国社由 3 个小社合并组建。1954 年，3 个小社在管理方面缺少章法。农具、用品没有专人管理，到处乱丢乱放；3 个社仅绳子一项就买了 600 多斤，花费 400 多元；每个社的十几副土篮子，不到一年就一副也找不到了。其中一个小社预留麦种 1200 斤，没有晒干就入了库，秋播时大部分不能出芽，只得临时向政府贷款 80 多元购买种子补种。另一个社 11 头大牲畜全年用料包括粮食、酒糟、麸饼等 5.8 万斤，折款 2300 元，连饲草折款合计，足够买 11 头好牲口的。经营管理方面存在的问题，严重影响着社员们的生产积极性。

爱国社刚成立时，管理方面的问题依然存在。正月里要送粪，5 个生产队争先恐后抢农具，一乱就是半晌；春播以前要耠地，农具找不齐，人和牲口在院子里打转转。轧磙子的埋怨把式，把式埋怨拉牲口的，社干部急得团团转，吵吵半晌才下地。有些钱不该开支的也开支了。社长田春华说：“进城就眼热，不管有没有钱，总要买几样新东西。”备耕期间，仅第四生产队不应该开支的就有 80 多元。对于这些问题，社员们纷纷抱怨：“这哪里像过日子！”

庞大的预算

怎样才能把社管好呢！社干部一直在想办法。有人提议加强保管员的责任，可保管员说："指靠保管制度管不了事！"有人提议："非得制订预算不可！"又有人说："预算过去也搞过。预算是一回事，花钱时又是另一回事！"有一次，各队都要买绳套，财经股长提出由各队作财务预算。会计说："这个办法好是好，如果各队预算过高怎么办呢？"社干部经过研究决定，各队根据急需和本着节约的精神先订出一个财务预算，经管理委员会审查批准后试着实行。

随后，全社 5 个队发动社员从急需项目入手，逐项研究，按月订出了各队的财务预算。管理委员会汇总各队预算数字，购买种子、肥料款项不算，就需要 14000 元！着实令社干部们大吃一惊。为了把预算数字压下去，分头到各队协商，但由于各队每一笔费用都是经过研究提出的，所以都认为"很需要"。例如问第二小队队长至少需要多少绳子，队长说："单干户种七八亩地，也得买上三四斤绳子。咱队 350 亩地，至少也得用百十斤吧！"尽管管理委员会与各队反复协商，这个庞大的数字还是压不下去。

两个豆腐房

这时，社务委员、第三队田队长记起 1954 年他领导的社对小豆腐房实行"开支包干"的办法效果不错，于是建议不妨试一下"财务包干"办法。财经股长记起 1954 年他们那个小社的豆腐房由于没有实行开支包干，做一锅豆腐要十一二斤豆子，烧十二三斤煤，而实行了包干的豆腐房做一锅豆腐只要 9 斤豆子，八九斤煤。于是，对第三队田队长的提议表示支持。经过管理委员会讨论，几个主要领导干部都同意，但第一、第四队两个队长表示反对。主要理由一是怕费事，二是怕包赔。社长说：“采取按队包干的办法，准能发动大家互相监督，把这个家当好。眼下谁不想把这乱哄哄的场面转变过来呢？咱们先来算一算 1954 年两个豆腐房的账吧！”经过计算，实行开支包干的豆腐房开支占总收入的 57%，而没有实行包干的豆腐房开支占总收入的 72.8%。在事实面前，各队队长表示：“试试也行！”

财务包干

财务包干的办法就要实行了，各个生产队根据本队需要提出财务预算，并经管理委员会批准后进行承包。具体办法是：在一般情况下，超支的部分由本队负责赔偿，节余的大部分奖给本队。办法制订以后，管理委员会发动社员自上而下进行酝酿，针对以往损失浪费、影响收入的事实，开展了厉行节约、确保增产的教育。许多社员都说：“这样才能让人人想办法减少开支，增加收入，把社办好！”

到了播种的时候，财务包干正式搞了起来。各队根据本队的财务预算，发动社员反复研究了哪一项开支可以减少。在进行中间，并不是一帆风顺的。有的队存在着添新的、留后手的思想。例如第五生产队全年只要 10 副土篮子就够了，但他们却想买 14 副；原来只要一个平地用的木盖，却想买两个。也有的队存在着为压缩开支而忽视生产的现象。例如第三生产队本该用 6 个粪箕子撒粪，却只买了 3 个。对此，管理委员会认为应该防止前一种，纠正后一种，并且用第二生产队积极推行财务包干的做法教育全社。第五生产队队长说："图使用方便，不想节约的想法太傻了，对社、对自己都没有一点好处。"

群策群力

在讨论中，干部和社员们认识到：该将就的就将就，充分调剂使用旧有物资，这就是搞好财务包干的基本要求。在推行财务包干以前，各队要求新制碌碡框 15 个，实行财务包干以后修了两个坏的，其余找旧的调剂使用了。第二生产队发动社员寻找旧的绳套接补起来使用，不足的部分再向社员家借用，坏了照赔。这个办法推广到各队以后，1955 年全队只用了 160 多斤绳子，比预算节约了将近 200 元。

全社各个岗位都更加重视增产节约。原来，5 个生产队晚上喂牲口用的都是大桅灯，经饲养员建议，改用了省油的小黑灯。这样，每个生产队使用的灯油从每月 7.5 斤减少到 5 斤。过去大车用大刷子抹油，哩哩啦啦洒得满地。采取保管员提出的建议以后，用细长的小刷子蘸油全抹进车轴里去了。车油用量从每月 12 斤减少到 7 斤。饲养员根据"合理减少饲料，牲口喂得饱，喂得起膘，干活还有劲"的要求改进喂养牲口的方法，总结出勤拌细喂的办法：每晚喂三次（过去一般只喂两次），这样牲口始终爱吃，既喂好了牲口，又节省了饲料。1954 年黄斯恩社每头牲口全年平均用粮食 477 斤，1955 年大社的每头牲口预计全年不会超过 350 斤。喂的酒糟、麸子也比 1954 年减少了。

全社上下都为了搞好财务包干出主意、挖潜力、找窍门。第二生产队提出不打牲口槽，找旧的使用，但没有找到。后来，采用副队长的提议用砖砌一个代用，节约了开支。1954 年有一个小社积肥搞得比较好，大田每亩平均施细肥 8.5 斤、粗肥 2500 斤。1955 年大社每亩平均施细肥 4.5 斤，粗肥 3400 斤。社里一方面发动社员寻找肥源，规定积粗肥 1 万斤上等的给 15 元、中等的给 13 元、下等的给 10 元奖励。另一方面，抓住养猪这个环节，大力宣传养猪的好处，推广解决养猪饲料和细心喂养的经验。到了 4 月份，全社养猪由十几头增加到 128 头。每头猪 4 个月可以积一圈土粪，由此推算，全年就可以积肥 400 万斤。

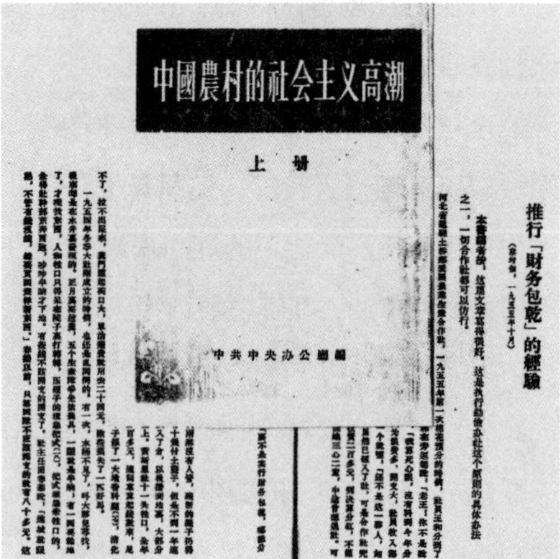
中國農村的社会主义高潮

上册

中共中央办公廳編

推行「財务包乾」的經驗

《中国农村的社会主义高潮》一书关于毛泽东主席批语和爱国社经验的记载

各队还初步研究出了一些易耗品如鞭子、车油、饲料、笼头等的使用定额，这样，使一部分易耗品的支出预算接近于实际。比如大车油的使用量，除夏季和春季前后很少使用大车以外，全年约有 8 个月使用大车，每月用不了半斤油。另外，每辆大车全年只要两根鞭子就够用，不像以前那样，想更新就更新。

收效明显

推行财务包干以后，社队干部和社员的责任心增强了，调动和发挥了搞好财务管理的积极性和创造性，从而促进了农业生产。每个社员都从各个方面想办法、挖潜力，增产节约，合理使用资金，提高了物资的利用率。推行财务包干以后，显著节省了开支，各队的实际开支数比财务预算减少了 25% 以上。1955 年大社的第一次棉花预分，一位社员分到了 100 多元钱，这大大出乎他的预料，心里有说不出的高兴。另一位女社员 1954 年在小社投资 200 元，年底决算分红时，不仅没有归还她的投资，分到的还不到 100 元，气得她一度想中途退社。1955 年大社精打细算，生产经营管理得好，仅劳动力分红一项，她家就分得 600 多元，这让她喜笑颜开。

爱国社社长田春华说："咱们的财务包干还不够完善，易耗品以外的物品使用定额还没有制定出来，节余部分的奖励办法也还没有研究好。1956 年我们要把它完善起来，再提高一步。"

毛泽东主席题写批语

1955 年爱国社实行“财务包干”的经验，为广大农民和合作社的管理者提供了一个好的范例。1956 年，他们的经验被中共中央办公厅收入了《中国农村的社会主义高潮》一书，毛泽东主席为他们的经验题写了按语：“这篇文章写得很好。这是执行勤俭办社这个原则的具体办法之一，一切合作社都可以仿行。”

现代农业

今日皇木厂村

对于今天的皇木厂村，《北京娱乐信报·社区版·通州时讯》在专题文章中这样形容：“……林立别墅错落有致清静幽雅，小桥流水映农家宛若置身江南水乡。”这说的是实话，并没有虚构与夸张的成分。

对于今天的皇木厂村民来说，虽然身份仍是农民，但他们的实际生活水平与城市中的大多数居民已经没有什么差别了：住的是楼房，使用的是家用电器，家居环境如同花园一般，人人享受着令城里人羡慕的各种待遇……无怪乎许多城里人要到这里旅游参观，无怪乎这里被评为“北京市最美的乡村”。

皇木厂新村

——这样说还是过于笼统，那么，让我们走近皇木厂，看个究竟!

皇木厂村位于张家湾镇西部，京津公路南侧，村域面积2080亩，现有耕地150亩。原住村民326户806人，吸引外来住户1324户6574人。2004年皇木厂村被北京市政府、市绿化委员会评为“北京市生态文明村”“北京市卫生村”“首都绿化、美化花园式单位”。2007年被市委宣传部、市农工委评为“北京最美的乡村”。

走近皇木厂村，一座朱红色的仿古建筑矗立眼前，这是皇木厂村的标志性建筑——北大门城楼。穿过了城门不远，出现一座高大的竹木牌楼，牌楼前面是古铜色巨型雕塑，造型为翩翩起舞的少女形象，这是“北京最美的乡村”奖杯的模型。奖杯与牌楼之间的路旁，摆放着在村里出土的明代修建北京城时的几块巨石。

穿过牌楼南行，柏油路两侧，超市、饭店应有尽有，村民不用出村就可以购买到各种生活用品、享受到各种服务。继续南行，再穿过一座朱红色的仿古大门楼，就到了村里。在绿树、鲜花、南竹掩映之下，600多栋别墅错落有致。大门对面是一通石碑，上面镌刻着“皇家新村”4个大字。大门东侧，一座雕梁画栋的5层宝塔耸立，塔内存放着漕运年代盐场称盐用的千斤石权。

自宝塔向西，一座曲折蜿蜒的竹木长廊在绿树中隐现。长廊中，老者三三两两宽坐，谈天说地、海阔天空，正悠然自得。孩子们在嬉戏玩耍。长廊包围之中，一湾湖水波光粼粼，各色锦鳞水中游弋。据说，这个水域是当年京杭大运河的故道，因河水改道而废弃。今天的皇木厂人把它改建成了一处亮丽的风景，成为人们休闲小憩的所在。

由竹木长廊往南，经过金黄色竹木牌楼，一条灰白色大理石铺就的大街向前延伸。沿街而行,就来到了皇木厂村中心地带——步行街。街道两旁、别墅门外，汉白玉石栏雕琢精美，小桥下，流水潺潺，在竞相开放的荷花下面，一群群金鱼嬉戏。村中的古槐已经得到妥善保护，而今生机勃勃。

30 年前的皇木厂村有 348 户 1218 人，分为 4 个生产小队。1977 年全村固定资产总值不足 10 万元，最值钱的“家当”是 4 台手扶拖拉机、6 辆马车和 6 台 4 轮拖拉机。村里只有两项副业生产：一是手工纺麻绳；一是手工编筐，一年加工收入不足 2 万元。粮食生产是主要生产项目，一般年景亩产五六百斤，每人每

皇木厂村牌楼

年口粮 420 斤，有些农户口粮不足，每年春季要向生产队借下一年度的口粮。在一般年景，劳动日值折合人民币六七角钱，遇到风调雨顺的年份，日值也不会超过八角钱，年人均劳动所得不超过 200 元。那时的皇木厂村，是远近闻名的“三多村”：“破砖烂瓦垃圾多，高低不平坑洼多，三四十岁光棍多。”村里没有一条像样的街道，猪粪、羊粪、牲口粪、柴草、垃圾随处可见。夏天，晴天蚊蝇乱飞，雨天街道泥泞难行；冬天尘土、杂物漫天飞扬，大部分劳动力无事可做。这样的状况，充其量也只能说是“温饱”水平。

农村经济体制改革改变了这里的一切。家庭联产承包经营，给农民带来了新的希望。农民的生产积极性被充分调动起来，农业生产有了一定起色，村民的生活水平也有一定改善，但与理想状况仍然还有很大差距。1992 年村委会换届，选举出了新一届领导班子。在这一年，邓小平同志视察南方发表了重要讲话，给皇木厂村指明了发展的方向。村干部抓住时机谋发展，组织群众学习邓小平同志重要讲话。结合“三个有利于”精神和当时“以集体经济为主，多种经济形式并存”的发展模式，认真研究了本村的发展问题，提出了“凡是有利于发展经济的形式，都可以大胆尝试”的观点。这一认识催生了“弹性经济模式”。村干部认为，应该选择见效快、技术含量不高、劳动密集型的行业作为突破口，以适应本村劳动力的现状，解决就业问题，迅速改变贫穷落后的面貌。他们决定以发展印刷、装订企业为龙头，大力发展村办企业。为了使文化水平较低的村民也能实现就业，村里组建了农场。同时，村里成立服务公司，为发展非公经济提供全方位的服务，制订了“造就百万富翁”计划，设立500万元的“村民创业基金”，鼓励、扶持村民创业。这些举措极大地促进了非公经济的发展。根据本村条件，从2002年起，开始民俗旅游度假村建设，引导农民利用本村资源发展旅游业。到2007年全村已有50户挂牌经营旅游接待，其中45%接待户达到了“星级”标准。几年来，先后接待了日本、美国、韩国、马来西亚、俄罗斯等国际友人和国内游客2.6万人。发展民俗旅游拓宽了就业渠道，扩大了皇木厂村的知名度。由此，发展经济的道路越走越宽，集体经济实力也明显增强。

目前，全村拥有以皇家印刷厂、装订厂为龙头的村办企业8家，不仅解决了全村500多名劳动力的就业问题，每年还为集体

皇木厂村一角

创造了可观的经济收入。2007 年全村实现税收 76 万元，工业总产值 2141 万元，增加值 530 万元，销售收入 1696 万元，利润 38 万元。全村劳动力全部就业，人均可支配收入达到 2 万元。达到了较高的“小康”水平。

从 1992 年起开始进行旧村改造，村委会宣布冻结村民新建住宅，组织相关人员到外地小城镇实地考察，谋划村落整体改造工作，制订了“50 年不落伍”的高标准、高档次的改造方案。旧村改造工作按照“量力而行、不借外债、不占一分耕地”的原则进行，从 1997 年起先后投资 2.5 亿元，进行大规模的旧村改造工程，在原址建起 668 栋现代别墅。村委会制订的拆迁政策是“拆除旧房一平方米，免费享受新房 1 平方米”，新房超出旧房部分，每平方米按照 600 元的标准由村民负担。这样，一般住户只需支付三四万元，就可以住上 130 平方米的新房。对于不喜欢上楼的老年人，建造统一标准，每户院落 169 平方米、建筑面积 118 平

皇木厂村街景

方米平房。全村道路全部硬化，生活垃圾集中处理，实现雨、污管网分流，道路两旁安装了太阳能路灯。全村统一供水、供电、供暖，有线电视、电话、宽带全部到户。从 1997 年起用于绿化投资累计达 2300 万元，绿化率达到 50%。规定每月 1 日、5 日为全村清洁日，努力营造“人人爱护环境，共建美好家园”的良好氛围。平日由 24 人组成的专职环保清洁队负责全村保洁。2003 年村里建成了商业街，建设了文化休闲设施——“长乐宫”，内部设有棋牌室、图书室、卡拉 OK 厅，建有室外游泳池、乒乓球室、篮球场，配备了多种健身器械和文娱用具，全部免费向村民开放。

壮大起来的集体经济实力，使村委会有能力为村民办实事、好事。目前，村民享受以下福利：

——每年冬季取暖费，按照村民居住面积补助 50%。

——每户每年享受 800 元至 1000 元的粮食补助。

——村民人均年收入低于 3000 元的困难户，按照村里制订的困难补助和困难救济标准，给予适当补助。

——从 1994 年起，凡年满 60 岁的老年人，按照不同年龄段每月发给 350 元至 1000 元的养老金。不定期发放生活用品，重大节日发放礼品。每年组织老年人外出旅游一次，暑期安排老年人到河北省赤城县消夏基地度假。

——凡考上大专的本村学生，奖励 1000 元；考上本科的学生奖励 2000 元；考上高中、技校、中专的学生，给予购买学习用品和生活用品部分资金的奖励。

皇木厂村一角

——村里建有医疗室，每天24小时门诊。村民患病住院、医药费在万元以上的，经合作医疗报销后，村里按照实际情况给予一定补助。保证村民不会出现因病返贫。

——全体村民每月免费领取2张理发票……

对于村里的巨大变化，皇木厂人无不感到欣慰、感到自豪。一位老人这样说："30年前，我们住的都是又破又旧的房，一半以上住的是土房，睡的是土炕，烧的是柴火。家里的家具很简单，就是橱柜、三屉桌、木头椅子。家里没有电视，只有大队部有一台14寸的黑白电视，一到晚上，上百口子人挤着看电视节目。那时候，想也不敢想能有今天这样的好日子呀！"

这就是今天的皇木厂，这就是今天张家湾镇现代农村面貌的缩影。如果有兴趣，欢迎你来这里做客，也亲身体验一下现代农民生活的滋味！

武术之乡陆辛庄

陆辛庄位于张家湾镇域南部，元代成村。现在已是有着 500 多户、近 2000 口人的村子。陆辛庄是远近闻名的武术村，武术传统由来已久，至今已延续 300 多年。村民中流传的武术套路有 64 式起式拳、18 趟罗汉拳、12 趟潭腿、双刀、单刀 16 趟（刀里加鞭）、12 趟对棍、8 趟六合枪、8 趟青龙偃月刀、72 把擒拿散手等等。

岁月荏苒，在陆辛庄武术发展的历史上，有许多传奇故事，至今还为人们所津津乐道。

季大侠落脚传艺

清代初期，山东济南府历程县季家寨寨主、绰号“铁枪匠”的季潮，精于少林武术，18 趟罗汉拳已练到了炉火纯青、出神入化的地步，此外，还有快马拳、燕青拳和各种器械他也是样样精通。季潮的两个弟弟季岱、季全也很是了得，季岱外号“花枪匠”，季全外号“神眼”，都是远近闻名的武林高手。

有一年，季潮带着妻子辛氏来到通州南部的北霸村走亲访友，村里人知道季潮武艺高超后，就千方百计挽留他，向他学习武术。

季潮推辞不过，就爽快地答应了。季潮在山东有个得意弟子叫李三胜，因为行侠仗义得罪了官府，被到处缉拿，不得已来通州投奔师傅。季潮把他安顿在了北霸村，让他协助传授武艺。转眼18个春秋过去了，少林武术在北霸村已是家喻户晓。几十名弟子各有所长，其中5个结盟兄弟武功最好。大哥禹自道练的是铁砂掌；二哥王世访练的是双点穴；三哥葛佩奇练就了贴山靠；四哥夏苍子练的是鹰爪力，伸手可以把石子碾成细末；五弟季为洪练成了燕子点水，腾空可走18步。陆辛庄的武术渐渐声名远扬了。

乾隆皇帝敕封“小五义”

有一年秋后，禹自道兄弟五人到北京游玩。走到一条街上，正赶上乾隆皇帝出行，老百姓都被赶到街道两旁，还都得背过脸去。兄弟五人也不例外。没过几天，社会上就传说乾隆皇帝轿子上的大红琉璃带黄穗的轿顶子丢了，并且丢得是神不知、鬼不觉。宫廷侍卫们知道遇到了高人，一个个心里憋闷，可也没有什么好主意。乾隆皇帝也很是生气，命人限期找回。可找了几天，京城上下查了个遍，轿顶子还是没有下落。有人知道北霸村有能人，就向朝廷举荐禹自道兄弟帮助查找。

宫里的差官来到北霸村，首先询问兄弟五人知不知道是谁盗走的，兄弟中有四个说不知道，只有老四夏苍子没吭声。夏苍子把大哥拽到没人的地方，小声说：“是我干的。那天大轿从身边过的时候，我把它给摘下来了。”大哥问：“那东西在哪？”“就在后面的粮囤上。”大哥说：“这回你可闯大祸了，弄不好要掉脑袋呀！”禹自道把四弟好训一顿，拿着轿顶子回复来人，赔礼道歉，请求朝廷从轻发落。差官回京复命，把夏苍子偷轿顶子的经过和禹自道兄弟五人的情况一一禀报以后，替兄弟五人请求皇上从轻发落。乾隆皇帝听了很高兴，降旨要五人前来觐见。

第二天上午，兄弟五人觐见乾隆皇帝。乾隆皇帝询问五人的武功，禹自道一一作了禀报。宫廷侍卫见这五人土里土气，并不像有真功夫的样子，就奏请皇上当场比试。乾隆皇帝也想看看这5个人的本事，就让五人平身站在一旁，问：“你们谁能与我的侍卫比试比试！”老二王世访先与侍卫交手，只一两个回合，一个侍卫倒地，接着，又有三四个侍卫败在了王世访的双点穴之下。乾隆皇帝问：“谁是你们的师傅？”禹自道回禀：“是黑侠李三胜，山东阳谷县人氏。”乾隆皇帝说：“你们武艺出众，又是结盟兄弟，真是‘小五义’呀！”兄弟五人当场谢恩。于是，“小五义”的名号就叫开了。

当时，乾隆皇帝还命李三胜和众兄弟，到东陵拘捕大盗谢六、谢七二人。李三胜与5个弟子到了东陵，没费太多周折就抓住了谢家兄弟，回京交了差，然后回到了北霸村。从此以后，北霸村的名声更响了。

乾隆晚期，北霸村武术一度陷入低潮，武术事业全凭季潮的妻子辛氏支撑。此时，一位“路”姓考生路过北霸村，受到村民热情接待，十分感激，答应考取功名以后，帮助重振村业。不久，“路”姓考生得中状元以后回到北霸村，请来几位武术高手，重振武术事业。村名也取“路”姓和“辛”姓改成了“路辛庄”。后来，路姓后继无人，村名逐渐演变成了今天的“陆辛庄”。

杀敌灭寇尽显威风

光绪年间，在1900年八国联军侵略中国的时候，陆辛庄有许多子弟同仇敌忾、保家卫国，投身到反抗侵略者的战斗之中。在张家湾战斗和八里桥战斗中，这些身怀绝技的英雄们与清军将士一起，冒着敌人的枪炮英勇作战，许多洋鬼子死在了他们的刀剑之下。

在抗日战争中，陆辛庄弟子季增太、季增年、季宗珍、季增俭、季增录、季增申、季荣山、杨桂芳、任友善、高洪、高树荣等36人，在二十九军担任武术教官。他们把中国传统击技与抗日战场的实战需要结合起来，创编出了一套刀术，在战士中推广。此后，二十九军的大刀队在战场上如砍瓜切菜一样，让许许多多日本侵略者做了刀下之鬼。以至于日本兵在同二十九军作战时，一个个在脖子上套一个铜制的“护脖”，用以保护他们的脖子别挨上二十九军的大刀。他们对于中国军人的大刀，真是害怕到了极点。二十九军大刀队杀出了中国人的威风，杀出了中国军人的士气。《大刀向鬼子们的头上砍去》这支歌，现在还在传唱。

二十九军大刀队

绵延不断，老树新花

中华人民共和国成立后，社会安定，陆辛庄的经济与文化建设不断取得新的进步，村里的习武之风一直传承了下来。村民们利用村中的三士庙作为习武场所，培养一代又一代的武术接班人。

1978 年，国家体委领导到陆辛庄考察，要求把群众性的习武活动组织起来，坚持下去。在县、公社的支持下，陆辛庄建立了近百人的武术队，聘请了 8 名教练，县体委给武术队购置了训练器械，赠送了 60 套运动服。村里安排了训练场地，村民练习武术的条件更为优越了。1986 年“陆辛庄武术馆”成立，王万发副县长亲自为武馆剪彩。2005 年陆辛庄村武术学校成立。

村民高永堂一家四代都因武艺高超，成为村中公认的武术教头。高永堂的 18 趟罗汉拳炉火纯青。他的青龙偃月刀重 28 斤，8 趟刀术曾经被中央新闻纪录电影制片厂摄制成纪录片。四个儿子和两个女儿也都是身手不凡。1986 年在北京市首届农民运动会上，高永堂父子获得银牌两块、铜牌两块。他的家庭被国家体委、北京市体委分别授予“全国模范体育家庭”“北京市模范体育家庭”称号。高永堂在 2005 年被评为“十佳健康老人”，在全市 18 个区县 400 多个候选人评比中，夺得“文武老人形象大使”的桂冠。

如今，陆辛庄的武术之花更加繁茂。村里下至 5 岁上至 80 岁的村民大多练习武术。在北京市首届农民运动会上，陆辛庄武术队的表演获得好评，被授予锦旗。陆辛庄村还被北京市体委授予“武术之乡”称号。

张家湾镇的葡萄产业

历史上，通州地区是传统的农业区。这里的农民，祖祖辈辈面朝黄土背朝天，在土里刨食。张家湾也是这样。这里的人们年复一年，不断重复着一样的耕作，一样的辛劳，一样的微薄收入。“吃不饱”和“穷困”如影随形，挣不脱、甩不掉，就像套在孙悟空头上的“紧箍咒”，一直跟随着这里的人们。中华人民共和国成立后，经过土地改革、合作化、人民公社化，集体的力量比一家一户单干有了很多的优越性，搞了大量的农业基本建设，部分地使用农田机械、化肥、优良籽种，粮食单产有了一定的提高。但，直到“农业学大寨”运动开始以后，农村的经济状况依然没有得到彻底的改观；农民的口粮一直保持在温饱水平。直到改革开放，张家湾镇的农业产业形态才发生了根本性的变化。农民真正成为农田的主人，他们紧盯市场，服务首都，根据需求组织生产；为了适应市场变化，他们建立起了新型农业生产组织形式，一些新兴产业应运而生。多少年来以发展粮食生产为主的传统农业产业格局，被都市型农业所代替，蔬菜、林果、养殖业以及设施农业、观光农业异彩纷呈。

举一个例子：在张家湾，普通的庭院水果——葡萄，如今已发展成为相当规模的产业，并给这里的农民带来实实在在的实惠。

产业概况

在张家湾镇，葡萄从庭院种植走向大面积生产始于20世纪80年代中期，到1994年，全镇葡萄种植面积已有2000多亩，农民也确实从葡萄生产中得到了收益。在市场经济条件下，一家一户的小生产是很难有所作为的。为了发展特色种植，使葡萄种植发展成为规模产业，在镇党委、镇政府的大力扶持和中国农学会葡萄分会有关专家的帮助下，于1995年9月9日成立了北京市通州区张家湾葡萄协会，并于1997年12月19日在民政部门登记注册，成为通州区第一个具有独立法人资格的农民专业合作经济组织。协会建立后，在市场调研、新品种引进、新技术推广以及产前、产中、产后服务等方面，发挥了巨大作用，成为农民发展葡萄生产的主心骨。目前，协会共有会员149个，主要分布在上店、牌楼营、瓜厂、齐善庄、大高力、三间房、大北关、西永屯等村，河北、四川等外省市也有部分会员。

随着葡萄种植面积的逐年扩大，为了适应市场变化和农民发展生产的要求，1998年兴建了集新品种试种、新技术应用和设施栽培、露地种植及保鲜贮存为一体的高标准葡萄生产示范基地——北京葡萄大观园。通过新品种、新技术、新信息的引进、试验、示范和推广，向果农提供更为系统周到的服务。

经过近10年的发展，在市、区、镇政府的大力扶持和葡萄协会及本镇葡萄产业龙头——北京葡萄大观园基地的有力带动下，鲜食葡萄种植已成为全镇农业的主导产业，形成了“协会+

基地 + 果农”发展模式，葡萄生产也成为农民增收致富的重要途径。目前，已有上店、牌楼营、瓜厂、齐善庄、大高力等 8 个 500 亩以上规模的葡萄专业村，建成了北京葡香苑、廷瑞、京洲等 10 个百亩以上对外观光葡萄采摘园。截至目前，全镇种植葡萄近万亩，年产鲜食葡萄 1500 万公斤，其中温室栽培 200 亩，并且全部通过了北京市食用农产品安全认证，注册了“张家湾”牌商标。每年从 5 月下旬到 10 月中旬，在张家湾镇都能够采摘不同品种的鲜葡萄，按照“早熟品种进温室，晚熟品种入冷库和延迟采摘”思路形成的种植模式，张家湾的葡萄可以一年四季供应市场。

丰收在望

葡萄产业协会

传统农业是脆弱的个体经济，农民科学文化水平普遍较低、承担风险能力较弱、年龄偏大，接受新事物相对较慢，因此，在产业转型过程中，他们需要有一个认知的过程，他们需要帮助。在农业产业化发展过程中，葡萄协会采取定期开展技术咨询、举办农技培训、印发技术材料、组织外出参观学习等多种方式，开阔果农眼界，提高果农科技水平。协会为果农统购统销包括优质葡萄品种苗木、架杆、铅丝、农药、肥料、果袋、包装箱等全套葡萄生产资料，帮助解决生产各环节的问题，解除果农们的后顾之忧。

采摘

协会与中国农学会葡萄分会、各大科研院所、农业院校、同行企业建立广泛联系，与许多全国著名葡萄专家交朋友，每年引进优新品种不少于10个，引进实用技术不少于5项，通过在基地进行试种、试验、观察比较，从中筛选出适应本地区的优良新品种和新型栽培措施，同时将一批好肥好药及配套的使用技术同当地生产实践相结合，总结出与各品种配套的栽培技术，再推广到果农中间，形成实实在在的生产能力。

大力推进无公害标准化生产，保障优新品种和良种砧木及配套栽培技术在全镇得到推广，是协会一项经常性的工作。为此，

尽兴采摘

协会长期聘请国内外知名葡萄专家，每年举办各种培训班 10 次以上，发放各种技术资料 1 万余份，培训技术人员和果农 500 人次以上，而且培训都是以教室培训和实地讲解相结合的方法进行。每次培训完毕，都要组织农民到附近的基地和园区参观，并针对农民提出的问题和要求进行解答和实地操作演示，以提高农民对新品种和相应技术的认知程度。与此同时，协会先后组织本镇专业技术人员到美国、西欧、韩国、日本等国参观考察葡萄生产情况，先后组织葡萄专业村干部及广大果农到河北怀来、涿鹿、昌黎、乐亭、山东平度、山西清徐、辽宁北宁、新疆吐鲁番等主要葡萄产区参观学习。通过这种“协会→基地→果农”和“示范 + 推广”的模式，协会已向广大果农推广粉红亚都蜜、奥古斯特、维多利亚、黄意大利、巨玫瑰、红双味等优新品种十几个和贝达、SO4、5BB 三个良种砧木及各品种的配套栽培技术，推广新品种面积达到 2000 亩以上。

在发展葡萄种植过程中，协会自身也形成了雄厚的技术力量，这种产业发展与技术进步相辅相成、竞长争高的趋势还在继续。为提高果品质量，改善田间小气候并利于观光采摘，葡萄协会在过去“单株双臂，龙干整形，倾斜上架”的基础上，又总结推广了“中小棚架，水平连接，龙干整形，倾斜上架，模式化修剪”的葡萄生产栽培技术，并在实际生产中广泛应用。协会采取入户对接帮扶的办法，利用远程教育站点提供的信息和方方面面的条件，帮助果农拓展思路，提高栽培技术水平，并通过采用更新种植品种、培肥地力、提高抗性、限产、套袋、病虫害生物防治等新技术措施，不断提高葡萄品质。协会还大力推广了节水灌溉、管道打药，防雹网保护种植、自然生草、优质有机肥制作等技术。通过栽培技术的改进和一大批新技术的引进应用，提高了果品质量，保障了产品的安全卫生，创造了良好的生产条件和游客采摘环境。“张家湾”牌葡萄先后在北京第三届农博会上获精品奖、在第五届北京国际科技博览会上获金奖，并且连续五年通过了国家级食用农产品安全认证。

协会在帮助果农销售产品方面也做出了很大努力，目前，协会主要通过三种方式销售会员的产品。第一，每年通过媒体宣传报道，并指导和帮助会员改善果园环境，吸引市民到本镇采摘。第二，利用协会的知名度和销售网，选用质量较好的产品进行配送。第三，联系批发商进行批发。每年帮助果农销果在 50 万公斤以上。由于葡萄品质得到保障，其销售价格也得到了相应提高。在葡萄协会的帮助下，温室葡萄平均售价每市斤在 10 元左右，每亩收入可达 1 万元以上；露地新品种葡萄售价每市斤平均在 3 元以上，每亩纯收入可达 3000 元以上。2008 年共产出果品 1960 吨，实现产值约 980 万元。

葡萄大观园

葡萄大观园始建于 2002 年，“大观园”是它的泛称，对外名称是“北京葡香苑园艺场”，是集世界各国名优葡萄品种种植、观光采摘、科普宣传、会议培训等为一体的现代都市型葡萄主题农业园区，是国家级农业标准化生产示范区和通州区葡萄种质资源科普示范教育基地。2003 年被确定为北京市首批观光农业示范园，被百万市民观光采摘活动组委会确定为定点果园和十佳果园。

作为北京葡萄之乡、北京市万亩葡萄基地镇的龙头示范企业，大观园大力收集适合我国及华北地区种植的优良葡萄品种，并实

葡萄大观园外景

施有机栽培，最大化地发挥着科技展示功能。大观园产品已连续两年通过有机果品转换认证，在连续三年的“奥运”推荐果品评比中，有8个品种被评为“奥运”推荐果品，粉红亚都蜜、维多利亚、里扎马特3个品种还被评为“中华名果”。多年来，大观园为本地区葡萄产业的健康发展和当地农民科技文化水平的提高做出了积极的贡献。

大观园现已引进维多利亚、里扎马特、美人指、黄意大利、红地球、巨玫瑰、贵妃玫瑰、红双味、秋黑、醉金香等早中晚熟、不同形状、不同颜色、不同风味的国内外优质鲜食葡萄100种，形成和发挥了葡萄品种多、新、奇、特的优势。现在，葡萄的成熟期（早、中、晚等）不但被大大拉长，而且颜色（红、黄、绿、紫、黑等）、形状（圆形、椭圆形、圆柱形等）、肉质（硬肉、脆肉、溶肉等）、风味（玫瑰香、草莓香、清香型等）也各式各样、异彩纷呈，已经成为名副其实的葡萄“联合国”。

从2004年开始，大观园着力改善生产和生活环境，努力建设和打造绿色景区、生态景区、文明景区，在基础设施的投入，新品种引进、宣传、为游客服务等方面做了大量工作。在此期间，大观园投入200万元新建了接待室120平方米、吃住房间十余套、二星级旅游厕所一座、移动厕所5处，修建停车场1500平方米，而且硬化了园区所有的主路和辅路，极大地改善了园区的环境。同时，为了方便游客，申请设立了公交车站，并为自驾车游客在各条道路上设置了行车标志，还在园内设立了地形图，路线指示牌、品种介绍牌、葡萄诗词字画橱窗等。配备了3辆电动车，专门接送坐公交车前来的游客，对老人和小孩免费乘坐游玩。在采摘时，大观园为游客准备了统一的花篮、剪刀，并有专门经过培训的导游陪同。通过以上工作，将生产性、知识性、游览观赏性和休闲娱乐性的内容都融于一体，使游人既能享受到采摘的愉悦，又能感受到葡萄文化的氛围。2006 年北京葡萄大观园被评为通州区唯一的首都文明旅游景区，2007 年被评为国家 2A 级旅游景区，并被市、区科协确定为市级葡萄种质资源科普示范教育基地。

随着产业规模的形成，8 个葡萄生产专业村和 10 个观光采摘园已基本成片连线地分布在张采路沿线，通过交通和环境卫生的整治，更为消费者创造了良好的游玩采摘条件，葡萄观光产业带已经形成。2005 年基地共接待采摘游客约 6.1 万人次，采摘葡萄收入 228 万元；2006 年共接待采摘游客约 8.8 万人次，采摘葡萄收入达到 305 万元。葡萄产业在给果农带来可观的经济效益的同时，还在不断拓展现代农民的视野，葡萄产业的边际效应不断显现。张家湾镇的现代农业不断向深度和广度拓展，农民的致富路子越走越宽。

再现青春的青铜文化

中国的青铜文化起源于黄河流域，跨越夏、商、西周至春秋时期，前后约经历了 1500 多年。古老的青铜礼器、乐器、兵器，造型古朴典雅，品种繁多，是中国古典文化的一个重要载体。对于一般人来说，钻研青铜文化，弄清其中的门道，已经是极其冷门的、“高、大、上”的追求；而仿造青铜器，无异于左道旁门，徒手登天了！

可有一个人偏偏不信这个邪！这个人就是北仪阁村的李万祥。他为此付出了青春年华，并以此为毕生的事业。他不但清楚了其中的奥秘，他还创办了华兴达古青铜器复制厂，后来，这个工厂发展到北京华兴达青铜器雕塑有限公司。从 1988 年起，这个企业成为中国文物学会会员单位，并且是北京地区唯一的中国文物学会定点生产厂家。目前，公司的知名度颇高，业务已涉及全国 20 余个省市及国外一些地区。

他成功了。他创造了一个奇迹！

艰苦创业

李万祥文化程度并不高，只读到高中。1977 年毕业后，还乡务农之余他仍坚持看书学习。不知什么机缘，他竟逐渐地被那些造型典雅、精美绝伦的青铜器所吸引，以至魂牵梦绕，无法割舍，并萌生了对青铜器铸造技术的追求。他想方设法借阅有关青铜器的书籍，探究其中的奥秘，后来，为学习青铜器知识及其复制技术，只身走南闯北。1981 年 10 月，李万祥几经周折，得到了青铜世家、全国著名文物修复专家贾玉波和中国社会科学院考古研究所修复专家王振江二位老先生真传，回家后边学边干，不久便步入他的青铜生涯。1984 年，年仅 27 岁的李万祥受聘于胡各庄乡大台村北京东光精铸厂，在他担任青铜工艺品铸造指导期间，这个厂复制的青铜器获得成功。随之，复制品供不应求，几年时间创收数百万元。但后来，这个厂经营管理不善，衰败了。

李万祥回村后，在村党支部的支持下，租借了一家破产企业的破旧厂房，在县文化文物主管部门和朋友的支持下，开始了艰苦的创业路程。1988 年 8 月 6 日他创建北京华兴达古青铜器复制厂。随着企业的发展，2006 年 11 月建立北京华兴达青铜器雕塑有限公司。

即将竣工的城市雕塑

小厂铸辉煌

在开始起步的几年里，华兴达古青铜器复制厂用传统的失蜡法，辅以合范分铸法等精铸工艺，为国家文博单位及社会各界复制、仿制上千件青铜器，其中有夏代乳丁纹平底爵、商代兽面鼎、人面盉、虎食人卣、西周利簋、战国犀牛尊、编钟、西汉牛头案、长信宫灯及素有“青铜之冠”称誉的秦代铜车马等。夏商周秦汉五个朝代的青铜器代表作，均有所涉猎。这一大批艺术杰作，矗立于大江南北，南国北疆，神州西域及东海之滨，青铜文化的艺术魅力播撒在亿万观众的心里，将古代文明的神韵弘扬于中华大地之上。产品是企业的最好广告。由此，企业的名声越来越大。

1993 年 5 月 8 日，华兴达厂成功铸造了“天、地、人”三尊巨型青铜方鼎。三大鼎是根据《史记・封禅书》等古籍所记载“黄帝作宝鼎三，像天、地、人，鼎成乘龙升仙”的典故而创作的，其中“人”鼎最大，长 1.9 米，宽 1.4 米，高 2.5 米，重 1.21 吨。这一组巨型铜鼎，是华兴达古青铜器复制厂克服重重困难，用了

为内蒙古制作的龙纹五耳鼎

两个多月时间为河南省灵宝县精心制作的。这组巨型青铜鼎通过了中国文物学会文物修复委员会顾问、著名文物修复专家赵振茂先生为首的专家组的认证，并得到高度评价。中国文物学会文物修复委员会会长白鹤文先生亲手撰写了三鼎认证书:"'天、地、人'三鼎是根据黄帝在河南省灵宝县铸鼎和化升的传说，参照商代早期青铜鼎造型和新石器时代晚期陶鼎造型而设计铸造的复古工艺品。此三鼎的造型基本合理，铸造工艺精良，鼎之高大和体重均属铜鼎之最。"1993年5月9日,《北京日报》、北京电视台、《中国旅游报》《中国文物通讯》《北京科技报》《中国企业报》等媒体，均以醒目标题、重要位置，相继报道了"青铜鼎王"在通州铸造成功的消息。如今，"天、地、人"三鼎仍然矗立在灵宝县黄帝陵始祖殿前。

此事影响广泛，一时间，李万祥及其青铜器复制厂声冠京华，通州人为之庆贺，运河人引为骄傲，乡镇领导对李万祥更是赞赏

全国铜鼎之最——黄帝陵天、地、人三鼎（1993年）

为红螺寺铸造的下山虎

有加。随着华兴达古青铜器复制厂声名鹊起，李万祥其人其事不胫而走。各地的订单、电传、样品资料纷至沓来。他们先后为北京市丰台区修饰万佛延寿寺 13 米高的千手观音铜像；为北京博物馆成功仿制素有“青铜之冠”称誉的秦代铜车马；为广东世界大观园铸造 4 尊各高 4.5 米的四大天王像。而后，又为北京国际饭店仿制成功高达 3.6 米的“中华第一爵”，为中国印刷博物馆精铸了古代造纸祖师蔡伦、印刷术祖师毕昇身高 1.8 米的青铜塑像。他们仿制的战国青铜编钟，如今悬置于山东省曲阜孔庙的殿堂内。2005 年，为黑龙江省阿城市政府精密铸造了高 10 多米的“铜坐龙”，堪称世界之最，并被记入吉尼斯世界纪录。李万祥和他的工友们还先后为北京燕莎友谊商城、广东惠州公园、陕西铜川煤矿、怀柔红螺寺、通州金鼎大厦、运河文化广场等单位精铸了展翅雄鹰、下山猛虎、门前雄狮、骏马嘶鸣等大型现代青铜工艺品。2006 年为国家体育场“鸟巢”精铸了青铜手印脚印 2000 块；为奥运公园、中国大剧院、北京天文馆等复制了几百个品种、万余件青铜器雕塑和饰件。

为西藏铸造的藏佛

为铜牛公司
铸造的卧牛

李万祥铸造的青铜工艺品还漂洋过海，成为传播中外友谊的使者。中国北京与新西兰首都惠灵顿市结为友好城市后，中国政府特向新西兰政府赠送一尊由华兴达古青铜器复制厂生产的大型仿制品——青铜地动仪。古老的青铜文化在大洋洲的奥克兰市传播着中国人民的友好情谊，这令奥克兰市市长马克·布朗斯基先生激动不已。他通过驻中国大使馆找到了“青铜地动仪”的仿制厂家，他们不敢相信，这样一个仅有不足 40 名员工的简陋小厂，竟能生产出那样一只精美绝伦的“青铜地动仪”。他们在参观了厂区车间并走进厂里的“样品间”后，将“惊疑”化作了“惊喜”。并为该厂留下一纸感言：“非常荣幸，我代表新西兰人民表示感谢；一次很特别的访问，我将永世难忘。”

青铜文化再放异彩

弹指一挥间，北京华兴达青铜雕塑有限公司已经走过了 20 年的奋斗历程。20 多年来，该公司为中国历史博物馆等国家文博单位和社会各界复制了古青铜系列、佛像系列、近代中外人物系列、大型动物系列、铸钟系列、大鼎系列、城市雕塑系列、文物修复系列八大系列青铜工艺品。该公司复制的古青铜器物，不但技术精湛、精美绝伦，其形制、规格、重量、纹饰等均与原件不差毫厘。国家文物局原局长、书法诗词大家孙轶青先生在该公司考察后，即兴挥毫泼墨题词：“依真作假假似真，以假乱真真更真。”此后不久，该公司被中国文物协会吸收为会员单位，成为面向全国的复（仿）制青铜器的专业厂家。公司总经理李万祥、副总经理赵洪企成为中国文物协会、中国文物修复协会会员。

华兴达公司生产的部分产品

李万祥，这个普通的农村青年，经过岁月风雨的磨砺，依靠韧性和执着的进取精神，终于成长为一位复（仿）制青铜文化的专家。熔铸着李万祥和同事们智慧与血汗的那些青铜艺术品，无论是矗立在殿堂前或大厦前，还是矗立在广场上或公园内，抑或是陈列于博物馆，像中华先祖留给我们的青铜瑰宝一样，都是留给炎黄子孙后代，伴千秋岁月而流芳的文化珍品。这些青铜瑰宝和文物奇珍，将永远令人神往，令人上溯而追寻。

经过 20 多年的不懈努力，一个作坊式的小厂已经成长为集创意研发、生产制作、市场推广、展览销售为一体的现代文化创意企业，公司设计制作的青铜雕塑大多已成为一个城市或企业的典型标志。伴随着时代的前进,李万祥和公司员工将努力打造“华兴达青铜文化创意园”，在传承古老的青铜工艺基础上，结合现代科技手段，紧叩时代脉搏，使古老的青铜文化在新的时代焕发新的光彩。

参考书目

《运河古韵翰墨集》：通州区档案馆编，文物出版社 2004 年 6 月出版

《运河·曹雪芹墓葬刻石专刊》：通县文学艺术界联合会 1992 年编印

《中国农村的社会主义高潮》：中共中央办公厅编，人民出版社 1956 年 1 月出版

《运河》2004 年第二期：通州区文学艺术界联合会 2004 年编印

《运河民间故事集》：通县文化文物局 1987 年编印（内部资料）

《通粮厅志》：明·周之翰纂修，雕版线装本

《明史》：清·张廷玉纂修，中华书局 1984 年 3 月出版

《清史稿》：中华民国·赵尔巽等纂修，中华书局 1977 年 8 月出版，内部发行

《三言二拍》：明·冯梦龙、凌濛初撰，内蒙古出版社 2002 年出版

《京杭运河史》：姚汉源著，中国水利出版社 1998 年出版

《清代漕运》：李文治、江太新著，中华书局 1995 年出版

《北京通县地名志》：通县地名志编辑委员会编，北京出版社 1992 年出版

《马未都说收藏·瓷器》：马未都著，中华书局 2008 年出版

《日下旧闻考》：清·于敏中等编撰，北京古籍出版社 1983 年出版

《通州区文物志》：通州区文化委员会编，文学文艺出版社 2007 年出版

《张家湾中心小学乡土教材》：张家湾中心小学 2007 年编印（内部资料）

《张家湾瓷录》：王世纬著，中国财政经济出版社 2003 年出版

《古韵通州》：通州区政协文史资料委员会编，文物出版社 2006 年出版

《京杭大运河的历史与未来·导言》：董文虎等著，社会科学文献出版社 2008 年 2 月出版

后 记

张家湾镇域位于通州区中心腹地，面积 105.8 平方公里，下辖 57 个行政村，距北京市中心 20 公里。张家湾是通州地区的古镇，它的历史是通州历史的重要组成部分。正是因为这个原因，有很多人关注张家湾的历史、研究张家湾的历史，希望把这份历史保存下来，传承下去。在本书编辑之前，原通县文化局局长、《通县志》原副主编王翔，曾应张家湾乡政府之邀，纂辑《张家湾志》；通州区文物所原所长、文物专家周良，应邀为张家湾镇撰写了《古镇张家湾》一书；张家湾镇中心小学编印了《走进家乡》乡土教材。只可惜《张家湾志》未能出版，而书稿也不知去向。本书的编辑出版，是上述努力的继续和深化。

张家湾自古就是京津冀的交通枢纽，是北京著名的十大古镇之一。改革开放以来，张家湾镇开始再创历史辉煌的征程。依托通州工业开发区落户镇域的优势，全镇经济和社会发展突飞猛进。

1985年成为京郊首个亿元乡；先后赢得“全国百强”“全国文明乡镇”等荣誉；2014年再次荣获“首都文明乡镇”荣誉称号和北京市学习型党组织示范单位，并被评为年度区委区政府绩效突出乡镇、区综治工作先进单位和安全生产先进单位等荣誉；2015年全镇完成税收14.3亿元，财力3.5亿元，综合实力不断增强。

本书编辑工作从2008年7月开始，2010年作为《北京地方志·古镇图志丛书》之一出版，至今已过了7年。在历史上，7年时间只是短短的一瞬，但在今天的中国，在经济与社会事业日新月异的今天，7年间，张家湾已经发生了重大变化，今天的古镇已非昨日可比。

当前，随着京津冀协同发展战略的实施，张家湾镇以地处城市副中心和环球影城的双重区位优势，明确了“行政服务承载区”和“文创休闲旅游区”的战略定位，北部城市化和南部城镇化的发展思路，构建北部行政服务板块、中部偏西文化旅游板块、中部偏东文化交流与文化创意板块、南部休闲健身与休闲农业板块的产业布局，全力打造蓝绿交织、清新明亮、水城共融的“漕运古镇”“红学名镇”“文创小镇”。传承古镇文脉，弘扬运河文明，成为张家湾镇向新型城镇化转型的独特切入点和发展文化产业新经济增长极的重要连接点。如同一滴水能够映射出太阳的光辉，张家湾的巨大变化，映出了伟大时代的脚步，映出了中国特色社会主义道路的光辉前景。

一座名镇、一部史诗、一段传奇。这本小册子以记述张家湾历史为主，也部分地反映了她昨天的脚步。“张湾千载运河头，古城临津胜迹稠”。在千年文脉的传承和激励之下，张家湾这个充满无限动力、活力与魅力的历史古镇，如同奔流不息的运河水，正用她厚重的文化底蕴和砥砺前行的人文精神，续写新的篇章，再铸古镇新的辉煌。

2017 年 10 月